Ute Elisabeth Mordhorst

Und immer *stark sein*

Ute Elisabeth Mordhorst

Und immer *stark sein*

Die Geschichten unserer Mütter

FREIBURG · BASEL · WIEN

© Verlag Herder GmbH, Freiburg im Breisgau 2014
Alle Rechte vorbehalten
www.herder.de

Umschlaggestaltung: wunderlichundweigand, Stefan Weigand
Umschlagmotiv: © ginger. / photocase.de

Satz: Barbara Herrmann, Freiburg
Herstellung: CPI books GmbH, Leck

Printed in Germany
ISBN 978-3-451-31217-5

Inhalt

Prolog

Dieses Buch erzählt Geschichten aus dem Leben einer Frau, die auf den Namen Elly-Maria getauft wurde, sich später aber Elke rufen ließ. Ihr Nachname spielt keine Rolle – zum einen hatte sie gleich eine ganze Reihe davon im Laufe ihres Lebens, zum anderen taucht Elly-Maria in keinem Geschichtsbuch auf; ihr Name ist mit keiner bekannten Heldentat und keinem erinnerungsträchtigen Ereignis verbunden. Ihre Heldentat war ihr Leben, ein Leben, wie es abertausende Frauen in Deutschland gelebt haben. Damit steht Elly-Maria stellvertretend für Sie – oder für Ihre Mutter, Ihre Großmutter, Ihre Tante, Lebensgefährtin oder Ehefrau … Sie steht für eine ganze Generation von Frauen, die zwischen den beiden Weltkriegen geboren wurden und die heute auf ein langes und ereignisreiches Leben zurückblicken.

Diese Frauen haben viel zu erzählen, doch versickern ihre Lebensweisheiten und Erinnerungen zumeist im Einzelgedächtnis von Kindern und

Enkeln. Geschichte, so wollen uns Schule, Film, Fernsehen und Literatur meist glauben machen, haben andere geschrieben – während »wir normale Leute« einfach versucht haben, unser Leben einigermaßen ordentlich zu leben.

Doch wenn Elke erzählte, war es anders. Elke war eine hervorragende Erzählerin, wir haben ihr als Kinder und auch später noch als Erwachsene immer gerne zugehört. Und während wir gespannt an ihren Lippen hingen, hatten wir für die Dauer der Erzählung das Gefühl, wichtige Zeuginnen und Zeugen einer ganz großen Geschichte zu sein. Erst heute erkenne ich: Das waren wir auch. Unsere Geschichte wurde nicht zuletzt von diesen Menschen geschrieben, den Ellys, Marias, Elisabeths – die einfach nur versuchten, ihr Leben zu leben – gegen oder mit dem jeweiligen Strom, in Krieg und Frieden, in einer Diktatur, in einer geteilten Republik, in Ost oder West, in der Heimat oder in der Fremde, in Armut und wachsendem Wohlstand … Ihr Leben erzählt die Geschichte eines Landes, jedes einzelne Leben erzählt sie, jedes von einer anderen Seite und komplett würde sie erst, wenn wir allen zuhören könnten. Jeder einzelnen.

Ich habe zugehört. Und irgendwann begonnen aufzuschreiben. Um den Geschichtsbüchern und verfilmten Heldentaten eines der vielen fehlenden Puzzleteilchen hinzuzufügen. Denn bei genauem Hinsehen sind es vor allem die Erzählungen unserer Mütter und Großmütter, die fehlen. Vielleicht, weil sie nicht so gut in vielversprechende Drehbücher passen. Unsere Mütter und Großmütter könnten erzählen, wie sich ein Krieg anfühlt, wenn man weder Uniform noch Waffe hat. Welche Kraft und welchen Durchhaltewillen es braucht, Familien am Leben zu erhalten, ohne selbst ausreichende Verdienstmöglichkeiten zu haben. Wie sich das Wirtschaftswunder anfühlt, wenn man nach getaner Aufräumarbeit in den Trümmern nach Hause geschickt wird und mühsam um eigene Rechte kämpfen muss. Sie könnten uns auch von ihren Träumen erzählen, die sie als junge Frauen hatten. Und was daraus geworden ist, wie viele davon sie anderen zuliebe aufgegeben haben, oder auch, weil die Zeit und die Umstände ihnen keine Möglichkeit gaben, Träume zu verwirklichen. All das könnten sie wohl erzählen, doch ich vermute, sie täten es nicht.

Elke zumindest klagte nicht, sie erzählte uns spannende Geschichten vom Überleben, von kreativen Lösungen und von Träumen, die dann eben anders gelebt wurden. Diese Geschichten möchte ich weitergeben, indem ich selbst die Geschichte dieser Frau erzähle, die stellvertretend für so viele Frauen in unserem Land stehen kann. Eine Geschichte vom Überleben und Leben, von Liebe und Tod, von Freiheit und Selbstbestimmung, von Grenzen und Schmerz. Und immer wieder: vom Weitergehen.

Dieses Buch ist eine Würdigung der Lebensleistung aller Frauen, die in den zwanziger und dreißiger Jahren geboren wurden. Und es will auch eine Ermutigung für alle Töchter, Enkelinnen und Urenkelkinder sein, diesen Frauen noch einmal zuzuhören und – bei allem, was wir ihnen sicher auch vorzuwerfen hätten – die Hochachtung vor ihrer Leistung einfach mal so stehen zu lassen. Als wichtiges Puzzleteil unserer eigenen Geschichte.

Willy, du musst singen

H ast du als Kind auch manchmal Angst gehabt, Mutti?« Ich liebte diese Frage – oder besser: Ich liebte die Geschichte, die meine Mutter auf diese Frage zu erzählen pflegte. Wie es damals war, in den kalten Winternächten, abends vor dem Schlafengehen, abends, wenn die Blase vollgelaufen war – und das Toilettenhäuschen eine Weltreise entfernt, eine gefährliche Reise, allein über den dunklen Hof. Mich drückte jedes Mal nicht nur die Blase, sondern auch das vollgelaufene Herz, wenn meine Mutter die Geschichte von ihren Toilettengängen durch winterliche Kinderangst und Dunkelheit erzählte, die sie als kleines Mädchen zu bewältigen hatte.

Tagsüber oder an den langen warmen Sommerabenden, die so typisch waren für die Landschaft, in der meine Mutter aufgewachsen war, stellten die Gänge zum Toilettenhäuschen für sie keine innere Hürde dar. Zumal sie versucht hatte, es sich hübsch herzurichten, das stille

Örtchen. Es sollte auch ein heimeliges Örtchen sein. Die kleine Elly hatte eine schmale Gardine gehäkelt und vor das Fenster gehängt. Niemand sollte sie von draußen sehen können. Und ein übrig gebliebenes Stück von ihrer neuen Kinderzimmer-Rosentapete hatte sie an die Wand geklebt.

Im Sommer war es also gut auszuhalten für Elly im Toilettenhäuschen hinter dem Haus. Aber sobald der Winter kam, wurde das Häuschen für sie zu einem Geisterhaus. Im dunklen Winter war das stille Örtchen »dauerbesetzt« vom Geist der Riesenangst. O weh, wenn sie dann mal musste, dann musste sie über den großen, unbeleuchteten elterlichen Hof laufen. Der Hof lag etwas abgelegen am Ende des Dorfes. Abends im Winter war es still im Dorf. Totenstill. Und der Hof war schwarz wie die Nacht. Hin und wieder war das dumpfe Bellen eines Nachbarhundes zu hören, Schritte näherten und entfernten sich. »Hallo, wer ist da?« Ein Kleintier huschte über den Boden, ein Zweig knackte. Das Mondlicht warf unheimliche Schatten …

Die kleine Elly stand in der rückwärtigen Tür des Elternhauses, zögerlich stand sie auf der

Türschwelle wie am äußersten Rand eines Dreimeterbrettes über dem Wechselbad der Gefühle. Sollte sie oder sollte sie nicht? Ihr Herz klopfte bis zum Hals vor dem Nachtmeer, das sich vor ihr auftat und es war niemand da, der sie begleiten würde auf dem Sprung in die Tiefe der Angst. Die Eltern waren im Haus beschäftigt und der Ansicht, das Kind solle sich nicht so anstellen. Die ältere, furchtlosere Schwester Frieda ließ sich die Begleitung zum Toilettenhäuschen mit dem Abendabwasch entlohnen, der eigentlich ihre Angelegenheit gewesen wäre. Nicht selten nährte die ältere Schwester absichtlich die Ängste der kleineren, um sich dann gegen ein solches Schutzgeld als Beschützerin anzubieten, ein Schutzgeld, das überdies mit einem Schweigegebot belegt war. Wehe, wenn die Eltern von der Abmachung erfuhren …

So stand die kleine Elly in der Tür des elterlichen Hauses wie auf dem Rand eines Dreimeterbrettes und blickte auf den dunklen Hof hinaus, das Herzklopfen war nicht mehr auszuhalten, sie entschied sich, nicht zu springen, trotz der Blase, die zu platzen drohte. Sie entschied sich umzukehren, zurückzulaufen ins Haus, denn da gab es ja einen, Gott sei Dank gab es da einen, der sich den Begleitschutz nicht mit Hausarbeit bezahlen ließ wie die Frieda, einen, den sie fragen durfte und der sie wortlos verstand. Willy, ihr um vier Jahre jüngerer Bruder. Er, der Kleine, war sensibel wie sie. Obwohl Willy nach dem Willen des Vaters gar nicht sensibel sein sollte. Willy war der einzige Sohn und Stammhalter der Familie. Und das hatte was zu sagen. So wie Willy was zu sagen hatte. Jetzt schon, obwohl er noch keine fünf Jahre alt war. Anders als seine Schwestern, wurde er am Tisch nicht unterbrochen, wenn er redete. Er wurde ermutigt, den Schwestern gegen das Schienbein zu treten, wenn sie vorlaut waren. Die Mädchen hatten stillzuhalten, auszuhalten, den Mund zu halten. Aber Willy trat die Schwestern nicht. Willy hatte ein Unrechtsbewusstsein, er war klug, feinsinnig und hübsch wie seine Schwester Elly, die er liebte – so wie sie ihn.

So trotteten Brüderchen und Schwesterchen Hand in Hand über den Hof. Der Willy Hänsel und die Elly Gretel. Der Weg zum Toilettenhäuschen mag nicht weit gewesen sein, ein paar Meter vielleicht, ihnen aber kam er endlos vor. Endlich waren sie da. Die kleine Elly öffnete die knarrende Tür und verschwand im Toilettengeisterhaus. Willy blieb draußen stehen und stand Wache in der Rabenschwärze des Hofes. Kalt war es. Willy zitterte und Elly hockte im Toilettenhäuschen und zitterte auch. Schnell, schnell! Sie wollte sich beeilen. Aber die vollgelaufene Blase wollte sich nicht so einfach entleeren lassen. Ellys achtjähriger Bauch war viel zu verkrampft. Ein Licht gab es in dem Toilettengeisterhaus nicht. Schatten huschten vorbei. Am besten die Augen zukneifen. Jetzt hing die schwarze Angstgardine vor dem Fenster, jetzt klebte die Angst an den Wänden. Verschwunden die Kinderzimmerrosentapete. Aber vor der Tür wartete Willy. Wartete er auch wirklich? Oder war er weggelaufen, fortgeschleift worden von der Angsthexe? Unheimlich still war es draußen. Willy?

»Willy, du musst singen!«, rief sie ängstlich. »Damit ich weiß, du bist da.« Keine Antwort. Dann aber ... sang Willy. »Ich geh' mit meiner Laterne und meine Laterne mit mir.« Leise sang Willy, damit die Eltern es nicht hörten. Aber laut genug, damit die jüngere Schwester es hörte. Und während Willy es drinnen im Toilettenhäuschen plätschern hörte, horchte die kleine Elly auf den plätschernden Kindersopran draußen. »Dort oben leuchten die Sterne und unten, da leuchten wir.« Irgendwann knarrte die Toilettentür, Elly sprang aus dem Häuschen, die Geschwister liefen Hand in Hand zurück über den Hof. Vor dem Haus brannte eine Laterne, ein kleines Hoffnungsfeuer ... gleich hatten sie es geschafft, der sichere Hafen war nicht weit. »Mein Licht ist aus, ich geh' nach Haus. La bimmel, la bammel, la bomm.«

Wenn ich heute über diese Geschichte nachdenke, staune ich, mit welcher Energie und Tatkraft, mit wie viel Humor und Einfallsreichtum meine Mutter ihren gar nicht leichten Lebensweg bewältigt hat. In ihrem Elternhaus wurde sie keineswegs dazu ermutigt, ihrer eigenen Stärke zu vertrauen. Dass sie eine starke Frau war, hat sie herausgefunden, nachdem sie herausgefunden hatte aus den Ängsten ihrer Kindheit. Sie war eine, die sich zu helfen wusste.

Willy, du musst singen.

Singen wir uns in die Nacht

Singen wir uns
In die Nacht
Die Sterne schweigen
Nur zum Schein
Hör doch
Sie stimmen hell und sacht
In unsere Lieder ein

Lumpi geht

L ieber auf halbem Wege kehrt gemacht, als den ganzen Weg umsonst.« Noch heute wird meine Mutter mit diesem Satz zitiert, wenn jemand von uns Geschwistern vor einer schwierigen Lebensentscheidung steht. Das war kein Satz, den sie so einfach dahin gesagt hat, mit diesem Satz hatte sie allen Ernstes Ernst gemacht. Meine Mutter fand es wichtig, Verantwortung für ihr Leben zu übernehmen und eigene Entscheidungen zu treffen. Sie wollte frei und selbstbestimmt leben. Und das in den fünfziger Jahren, als die Frauen weder ermutigt noch unterstützt wurden, eigenen Interessen und Neigungen nachzuspüren oder gar eigene Meinungen zu vertreten. Die meisten Frauen waren wirtschaftlich abhängig, sie unterlagen der Autorität der Väter und Ehemänner und sollten zu einem Frauenideal sozialisiert werden, das sie an Heim und Herd band. Auch im Elternhaus meiner Mutter gab es die traditionellen Rollenzuweisungen.

Wie kam es dann, dass sie so selbstbewusst, kritisch und eigenwillig war? Es muss daran gelegen haben, dass der Geist der wilden zwanziger Jahre über ihrem Kinderbett schwebte, als sie geboren wurde. 1923: Das Inferno des Ersten Weltkrieges war vorbei, Deutschland erlebte eine kulturelle und wirtschaftliche Blütezeit, die sich später als eine Scheinblüte erwies. Zunächst sah alles nach Aufbruch aus. Vor allem die Frauen atmeten befreit auf. Durch den seit dem Krieg herrschenden Frauenüberschuss eroberten sie sich neue Berufsfelder. Sie provozierten, sie rauchten erstmals in der Öffentlichkeit, sie warfen die Korsetts weg, trugen knielange Röcke, kurze Sackkleider oder weite Hosen, sie schnitten die alten Zöpfe ab, trugen die Haare kurz wie ein Mann, der Bubikopf kam in Mode. Sie feierten ihr neues Selbstbewusstsein und ihre Gleichberechtigung – seit 1919 hatten Frauen das Wahlrecht – sie feierten das Ende des ersten Weltkrieges und den Anbruch einer neuen, goldenen Zeit – bis schon bald der wirtschaftliche Kollaps kam und mit ihm die Nazis an die Macht. Diese drängten sie zurück an den Herd (»die Küchenschürze ist der deutschen Hausfrau Ehrenkleid«) und hefteten ihnen Mutterkreuze an die Brust. Die alte Ordnung war wiederhergestellt, die wilden Jahre vergessen.

Sicher musste der Geist der zwanziger Jahre sich auf meine Mutter niedergelassen haben. Wie sonst hätte sie, das Dorfkind, so freiheitsliebend und eigensinnig sein können? Das Dorf, in dem sie aufgewachsen war, wurde ihr bald zu eng. Sie wollte ihren Horizont erweitern, reisen, ihren Weg machen, raus aus dem Dorf. Sie wollte sich nicht nur in die Bücher stürzen, sondern auch in das Leben.

Der Vater entschied, sie sollte heiraten, jemanden aus dem Dorf, Bewerber um ihre Hand gab es genug, Chancen hatte sie reichlich. Albert zum Beispiel war doch ein schöner, stattlicher Mann. Ja, Albert und sie … Ihr seid doch ein schönes Paar, das sagten alle, aber sie wollte Albert nicht heiraten und er sie auch nicht, die beiden mochten sich, sie verbrachten viel Zeit miteinander seit ihrer Kindheit, sie streiften durch die dunklen Wälder, badeten am Frischen Haff, interpretierten Wolkenbilder am endlos weiten Himmel, lasen einander von ihren Lieblingsdichtern vor. Sie hatten einander gern wie Geschwister, aber sie liebten einander nicht.

Und die anderen jungen Männer im Dorf interessierten Elly nicht. Annäherungsversuche wies sie kühl ab. Sie galt als arrogant. »Eisente« tuschelte man über sie. Stattdessen rang sie darum, einen Beruf erlernen zu dürfen und schließlich erlaubte es der Vater zähneknirschend – er allein hatte per Gesetz das Recht und die Pflicht, über Ehefrau und Tochter zu bestimmen.

Als sie die Schule verlassen musste, setzte sie sich in den Straßengraben und weinte bitterlich. (Was hätte sie darum gegeben, auf der Schule bleiben zu dürfen und eines Tages zu studieren!) Dann straffte sie die Schultern, warf den Kopf in den Nacken und ging aufs Amt. Sie begann eine Verwaltungslehre. Nebenbei schrieb sie kleine Geschichten. Nach Abschluss der Ausbildung würde sie sich eine Anstellung in der Großstadt suchen, eine eigene kleine Wohnung. In der Großstadt kannte sie sich aus. Dort lebte ihr Onkel Simon, der hatte studieren dürfen, konnte seinen Weg gehen. Das wollte sie auch. So sehr sie das Dorf und seine Menschen liebte. Es wurde ihr zu eng. Sie wollte mehr sehen von der Welt. Drei Jahre würde die Ausbildung dauern, das würde sie gerade noch überleben. Als sie im ersten Ausbildungsjahr war, brach der Krieg aus und sie musste für ein halbes Jahr unterbrechen, sechs Monate Reichsarbeitsdienst, das war Pflicht für die jungen Frauen. Ein halbes Jahr länger, na gut, auch das war noch auszuhalten. Sofern sie den Krieg überleben würde …

Hin und wieder leistete sie sich einen Konzertbesuch in der Großstadt. Oder sie besuchte das alte Café Amalia in der Nähe der Kunstakademie, jenes gediegene Café, in dem der Ober vornehmer war als die Gäste. Richtig respekteinflößend war der. Postierte sich neben der Eingangstür wie eine Standuhr. Und wachte streng über ihre Caféhaus-Zeit, ihr geliebtes Ritual, zu dem es gehörte, sich in eine der Tageszeitungen, die an der Garderobe hingen, zu vertiefen und stundenlang bei einem Stück Mohnkuchen und einer Portion Bohnenkaffee zu verweilen.

Die hat Sitzfleisch! Bestimmt dachte das der Ober von ihr, na klar, dieser hochgewachsene Mann, der sie so kritisch beobachtete. Aber sie wollte sich nicht Bange machen lassen von dem. Sie genoss die ausgedehnte Lektüre der Tageszeitung und ihren »Bohnenkaffee komplett«, will heißen mit Milch und Zucker. Irgendwann zahlte sie und stolzierte an dem Ober vorbei, dieser Standuhr an der Eingangstür, der neben dem Garderobenständer postiert war, als wachte er nicht nur über die Gäste und ihre Zeit, sondern auch über die Mäntel, die sie trugen und die Zeitungen, die sie lasen. Sie gewöhnte sich an, ihn links liegen zu lassen, das war das Beste. Selbstsicher genug war sie. Dann aber passierte das Ungeschick. Sie stolperte über den Pudel der Dame am Nebentisch und riss den Garderobenständer um – samt der Tageszeitungen. »Lumpi!«, rief die Dame am Nebentisch und sprang entsetzt auf. Der Ober erstarrte. Die Zeit stand still. Ein junger Mann an einem der hinteren Tische drehte sich interessiert nach ihr um. »Herr Ober, das bringen Sie doch in Ordnung, nicht wahr?«, sagte sie freundlich und nickte kühl und ging. Und war froh, draußen auf der Straße zu sein. Ihre Tasche hatte sie hastig über die Schulter geworfen, gut, dass es Frühling war und sie keinen Mantel tragen musste, der jetzt vielleicht unter dem Garderobenständer begraben liegen würde. Sie atmete tief durch. Dann hörte sie, wie die Tür des Cafés hinter ihr geöffnet wurde. Sie rechnete mit dem Schlimmsten und wollte flugs zur Straßenbahn flüchten, da wurde sie bereits angesprochen. Doch es war nicht der Caféhauswächter, sondern der junge Mann, der ihr kleines Malheur beobachtet hatte – und sich darüber köstlich amüsierte. Er stellte sich ihr als Henrik Enders vor, gebürtiger Berliner, der bei der geschiedenen Mutter auf dem Land wohnte – wie sich herausstellte gerade einen Ort neben ihrem Heimatdorf, ausgerechnet. Die beiden kamen schnell ins Gespräch, es wurde ein kurzer, sprühender Wortwechsel. Sie verabredeten sich für die nächste Woche, aber in einem netteren Café ohne alte Standuhr.

Henrik machte ihr den Hof. Er war interessant und eloquent, gebildet war er auch, sie konnten sich wunderbar unterhalten, er sagte, er liebte sie und er schien sie wirklich zu lieben. Aber liebte sie ihn denn auch? Sie war sich nicht sicher, manchmal war er so aufbrausend und geizig schien er auch zu sein, zweimal löste sie die Verlobung. Henrik ließ nicht locker. Er versprach Besserung, tatsächlich bekam er seine Wut besser in den Griff. Henrik warb hartnäckig um sie. Da konnte sie Eisente sein wie sie wollte. Wer so hartnäckig um sie warb, der musste sie doch einfach lieben, sagte sie sich. Das sagten ihr alle, denen sie davon erzählte. Und Henrik, der gebürtige Berliner, den es zurück in die Reichshauptstadt zog, das war sicher ein Wink des Schicksals, sicher war das der Weg für sie. Heraus aus dem Dorf.

Ein Jahr später waren sie verheiratet. Henrik und seine »Lumpi«. Zwei Jahre später wurde sie schwanger, mitten im Krieg. Das Kind brachte sie nach einer dramatischen Flucht im Bombenhagel von Berlin zur Welt, während Henrik an der Front war.

Ein Jahr nach Kriegsende kam er aus amerikanischer Gefangenschaft zurück, er verschaffte sich eine Stelle bei einer großen deutschen Zeitung und arbeitete an seiner Karriere als Journalist. Fleißig und strebsam war er und ehrgeizig. Türen standen ihm viele offen, man verschaffte ihm die richtigen Kontakte zu Prominenten aus Sport, Film und Fernsehen. Er hatte Erfolg, er schrieb gut. Das gefiel ihr an ihm. Sie tauschten sich über seine Arbeit aus. Sie beriet ihn, korrigierte seine Texte. Er bot ihr an, in der Redaktion mitzuarbeiten, sie schrieb eigene Artikel, allerdings nicht hauptberuflich, das war ihm nicht recht. Sie sollte sich um das Kind und den Haushalt kümmern. Zwar stellte er eine Haushaltshilfe ein, dass konnte er sich leisten, darauf war er stolz. Er verdiente gut, aber er betonte auch, dass sie, Lumpi, die Leiterin seines Hauswesens war.

Sie liebte ihr Söhnchen, seine Erziehung machte ihr Freude und sie wollte viel Zeit für ihr Kind haben. Aber sie hatte auch intellektuellen Ehrgeiz. Es kam zu ersten Konflikten zwischen den Eheleuten. Henrik war immer noch aufbrausend, cholerisch, er brüllte, er zerschlug das Porzellan, sobald sie Ansprüche stellte. Er nahm ihr das gebratene Schnitzel vom Teller, wenn er Lust hatte, ein zweites zu essen, er schlug das Söhnchen wegen eines zerbrochenen Sektglases. Henrik war der herrische Herr im Haus und außerhalb des Hauses war er der charmante Journalist. Sie vertraute sich ihrer besten Freundin Käthe an. Sagte, sie denke an Trennung. War sie wahnsinnig?, fragte Käthe. So ein Leben wollte sie doch nicht aufgeben? Er betrügt mich, Käthe, sagte sie. Da ist er nicht der Einzige, entgegnete Käthe achselzuckend. Du musst dich arrangieren. Das müssen wir alle. Denk an den Luxus, in dem du lebst. Aber was für ein Luxus war das denn?

Betrug und Selbstbetrug, rief sie, das ist doch kein Luxus! Armselig ist das! Wenigstens erreichte sie, dass sie Zugriff auf sein Konto bekam. Das setzte sie durch. Als sie auf der Sparkasse Geld abheben wollte, wurde sie komisch angeguckt. Geld war Männersache. Nun, wie auch immer, sie hatte Verfügungsgewalt über sein Konto und als er sie erneut mit einer Sportlerin betrog, reichte es ihr. Bei einem seiner Auslandsaufenthalte räumte sie das Konto und richtete die Wohnung neu ein. Ganz nach ihrem Geschmack. Das imponierte Henrik sogar. Er lachte. Das Geld hatte er bald wieder verdient. Aber wegen des Ehebruchs flossen Tränen. Allerdings nicht ihre, sondern seine. Henrik zeigte sich reumütig. Sie sei seine große Liebe und diese Sportlerinnen alles Flittchen. Jetzt wertet er seine Liebhaberinnen auch noch als Flittchen ab, dachte sie und verachtete ihn noch mehr.

Dann reicht es ihr. Sie spricht von Scheidung. Er amüsiert sich. Wovon will sie leben? Sozialhilfe gibt es damals nicht für alleinerziehende Mütter. Sie nimmt anwaltlichen Rat zu Hilfe. Ob sie ihm wiederholten Ehebruch nachweisen könne? Sie kann. Die Ehe wird schuldhaft

geschieden. Sie erhält das alleinige Erziehungs-
recht, Henrik muss Unterhalt zahlen. Der
empört sich über ihre Verantwortungslosigkeit.
Sie nimmt die kleine Hand des Sohnes in ihre.
Und geht. Lieber auf halbem Wege kehrt ge-
macht, als den ganzen Weg umsonst, sagt sie.
Sie geht. Und wird ein Jahr später ihrer großen
Liebe begegnen.

Aus dem falschen Leben

So viele Umwege
brauchte es
bis ich mich
endlich herausfand

aus dem falschen Leben

bis ich ihn endlich
fand

den Weg
auf dem ich mich
bewahrheite

[Aus: Ute Elisabeth Mordhorst:
Pflücke den Tag. © Verlag Herder 2013]

Nachbemerkung

Wie mutig dieser Schritt meiner Mutter war, wurde mir erst so richtig bewusst, als ich mich mit dem Familienrecht der fünfziger Jahre beschäftigte. Trotz Verabschiedung des neuen und modernen Grundgesetzes von 1949 galt in Ehe- und Familienfragen damals noch das Bürgerliche Gesetzbuch von 1896, nach dem der Mann das alleinige Familienoberhaupt war und auch in der Ehe weitgehend über das Leben der Frau entscheiden konnte. Eigentlich sollten diese Gesetze bis spätestens 1953 Stück für Stück durch neue Paragrafen ersetzt werden. Doch vor allem dort, wo es um die Rechte der Frauen ging, wurde die Umsetzung über Jahre verhindert und in die Länge gezogen. Die wenigen Frauen, die damals in der Politik überhaupt mitreden durften, mussten Satz für Satz erkämpfen. Und das, obwohl das Grundgesetz der neuen Republik den unmissverständlichen Satz enthielt: »Männer und Frauen sind gleichberechtigt.« (GG Art 3.2)

Ich möchte hier einige der damals noch gültigen Gesetzestexte zitieren, die für sich sprechen – und für das Klima, in dem Frauen wie meine Mutter ihren eigenen Weg suchten. Erst im Jahr 1959, zehn Jahre nach Verabschiedung der Verfassung, war auch der letzte dieser Paragrafen aus dem Gesetzbuch verschwunden.

§ 1354. (1) Dem Manne steht die Entscheidung in allen das gemeinschaftliche eheliche Leben betreffenden Angelegenheiten zu; er bestimmt insbesondere Wohnort und Wohnung.

§ 1356 Die Frau ist [...] berechtigt und verpflichtet, das gemeinschaftliche Hauswesen zu leiten. Zu Arbeiten im Hauswesen und im Geschäfte des Mannes ist die Frau verpflichtet, soweit eine solche Tätigkeit nach den Verhältnissen, in denen die Ehegatten leben, üblich ist.

§ 1363. Das Vermögen der Frau wird durch die Eheschließung der Verwaltung und Nutznießung des Mannes unterworfen (eingebrachtes Gut). Zum eingebrachten Gute gehört auch das Vermögen, das die Frau während der Ehe erwirbt.

§ 1376 Ohne Zustimmung der Frau kann der Mann über Geld und andere verbrauchbare Sachen der Frau verfügen.

§ 1627 Der Vater hat kraft der elterlichen Gewalt das Recht und die Pflicht, für die Person und das Vermögen des Kindes zu sorgen.

§ 1634 [...] Bei einer Meinungsverschiedenheit zwischen den Eltern geht die Meinung des Vaters vor.

§ 1684 Der Mutter steht die elterliche Gewalt zu:

1. wenn der Vater gestorben oder für tot erklärt ist;
2. wenn der Vater die elterliche Gewalt verwirkt hat und die Ehe aufgelöst ist.

Sie, über Vater, hat Kraft der rechtlichen
Gewalt das Recht und die Pflicht, für die Person
und das Vermögen des Kindes zu sorgen

§ ... [...] Bei einer Meinungsverschiedenheit zwischen den Eltern über die Meinung des
Kindes ...

§ ... Die Mutter allein ist dazu berechtigt
wenn

1. wenn der Vater gestorben oder ... für voll ...
ist,

2. wenn der Vater die elterliche Gewalt verwirkt
hat und die Sache angehalen ...

Abschließen

Als wir noch Kinder waren, erfuhren wir wenig über die erste Ehe unserer Mutter – sie hatte damit abgeschlossen, ein neues Leben begonnen. Über die Hintergründe ihrer Flucht aus dieser Beziehung erzählte sie uns erst später, als wir erwachsen waren und unser Vater, ihr zweiter Ehemann, gestorben war. Von einer anderen Flucht jedoch, der großen und fürchterlichen Flucht einer ganzen Bevölkerung, hatte sie uns oft erzählt. Das waren bedrückende Geschichten, die uns so unglaublich vorkamen, dass wir gar nicht richtig begriffen, dass unsere Mutter (und unser großer Bruder letztlich auch) all dies tatsächlich an eigenem Leibe erlebt hatte. Ein Bild bewegte mich bereits als Kind ganz besonders, ich weiß gar nicht warum – doch es blieb mir über all die Jahre als »Schlüsselbild« dieser tragischen Flucht. Es war fester Bestandteil ihrer Erzählungen und klang in etwa so: »Ich konnte es beim besten Willen nicht verstehen. Dachten die ernstlich, das würde etwas nützen? Ich jedenfalls habe nicht abgeschlossen; ich habe die Haustür hinter mir nur zugezogen und bin gegangen.«

Die Flucht war dramatisch und überstürzt. Lange hatte sich ihre Schwiegermutter, mit der sie seit ihrer Heirat vor zwei Jahren ein Doppelhaus bewohnte, standhaft geweigert, Haus und Hof zu verlassen. Dann war das Donnergrollen der anrückenden russischen Armee nicht mehr zu überhören und Elly drängte zum Aufbruch. Ihre Eltern und Großeltern, die im Nachbarort lebten, waren bereits geflüchtet.

So einfach die Heimat verlassen? Nein, so leicht war das nicht. Außerdem stand Heimatflucht unter Strafe, denn das hieße, nicht mehr an den »Endsieg« zu glauben. Aber wer glaubte denn noch ernsthaft daran? Diejenigen, die noch immer der Propaganda getraut hatten, wurden nun eines Schlechteren belehrt. Die Geschützfeuer klangen bedrohlich nah. Es herrschten Aufruhr und Chaos. »Die Russen kommen!« Meine Mutter war nicht die Einzige, die weg wollte. Der ganze Ort war in Bewegung, Menschen liefen aufgeregt aus den Häusern, beluden Pferdefuhrwerke, suchten ihre Angehörigen, packten ihre Siebensachen. Diejenigen, die sich entschlossen hatten, zu gehen, trugen eilig das Nötigste zusammen, Nachbarn klingelten an der Tür. »Die Russen kommen!« Pferde wurden aus den Ställen und von der Koppel geholt. Was nehmen wir mit, was lassen wir hier? Was machen wir mit den Kühen und Schweinen, mit dem Vieh? Es schneite, ein eisiger Wind wehte. Minus 25 Grad Celsius. Das Donnergrollen der Front. Auf den Pferdefuhrwerken, zwischen Kisten und Koffern, hockten die Flüchtlinge: greise Frauen und Männer, junge Frauen mit Kindern oder Säuglingen im Arm, heranwachsende Jungen und Mädchen. Wer keinen Pferdewagen besaß, ging zu Fuß. Junge Mütter schoben Kinderwagen oder zogen Handwagen, in denen die Kinder inmitten der letzten Habseligkeiten saßen. Ein endloser stummer Zug von Menschen bildete sich. Es war gespenstisch still, kein lautes Weinen oder Jammern war zu hören. Überall verstörte, verschreckte Gesichter. Auf einem Wagen saß sie, hochschwanger, einundzwanzigjährig. Sie trug ein Pelzkäppchen auf dem Kopf, die Troddeln baumelten ihr ins Gesicht. Die Hände hatte sie in einen weißen Muff gesteckt und in den Händen hielt sie ihre Papiere. Von den

Ställen drangen die Laute der Tiere zu ihnen herüber, die Kühe und Kälber brüllten, die Schweine schrien panisch, die Katzen jammerten. Die Tiere spüren, dass wir sie zurücklassen, dachte sie. Jetzt lassen wir die Tiere im Stich. Der Zug setzte sich in Bewegung und nahm Richtung auf das Frische Haff, die zugefrorene Ostsee. Die Landwege nach Westen waren versperrt und die breiten Straßen durften nicht befahren werden, auf ihnen rollten die Panzer der deutschen Armee. Die alten Quedlins mit Tochter und beiden Enkelkindern standen vermummt am Straßenrand und winkten dem Treck hinterher. »Wir bleiben«, riefen sie, »wir hängen eine weiße Fahne aus den Fenstern, dann passiert uns schon nichts. Bald ist der Krieg vorbei, dann kommt ihr zurück nach Haus.« Winter 1944/45.

Sie saß auf dem Pferdewagen und schaute auf die schmale Gestalt ihrer Schwiegermutter neben sich, die den Kopf gesenkt hielt und ein Schlüsselbund in den Händen drehte. In der Eile hatten sie gerade das Wichtigste zusammenpacken können, die Schwiegermutter hatte all ihre Kleider in Lagen übereinandergezogen und ein paar Daunendecken von den Betten gerissen. »Ich habe das Porzellan im Garten vergraben«, sagte sie.

»Um Himmels willen«, flüsterte die junge Schwiegertochter, »das ist ja Wahnsinn«, und: »... es ist doch alles gefroren.«

»Im Erdloch neben dem Birnbaum«, murmelte die Schwiegermutter.

Die Schwangere schloss die Augen, sie wollte die winkenden Quedlins nicht sehen, wie sie dastanden am Straßenrand, sie hielt die Augen geschlossen und hörte das Klimpern und Klappern der Schlüssel an dem eisernen Ring. Ob die Schwiegermutter wirklich glaubte, die Russen ließen sich aussperren? »Nun verlassen wir das Dorf«, sagte die Schwiegermutter. Die Schwangere öffnete die Augen. Ich bin gegangen, ohne abzuschließen, dachte sie.

Fünfzig Jahre lang hatte sie nicht abgeschlossen. Fünfzig Jahre lang war der Verlust des Zuhauses immer wieder ein Thema ebenso wie das Trauma der Flucht. Die vielen Toten, die erfrorenen Menschen, die Pferde, die auf dem Eis ausglitten und samt den Wagen in die Gräben rutschten, der Angriff der Jagdflieger auf den Treck, ihr Ausgesetztwerden an der verlassenen Bahnstation. Fünfzig Jahre lang sehnte sie sich immer wieder danach, noch einmal nach Hause zu dürfen. Fünfzig Jahre lang war es ihr verwehrt. Ausländern war nach Kriegsende die Einreise in das Königsberger Gebiet verboten. Und dann nach fünfzig Jahren wurden auf einmal die Grenzen geöffnet.

Sie fuhr. Fünfzig Jahre nach der Flucht auf einem Pferdewagen im eiskalten Winter 1945 ging sie im Sommer 1995 an Bord eines Schiffes und fuhr ins ehemalige Ostpreußen. Eine Gruppe von Heimatvertriebenen hatte die Reise mithilfe russischer Reiseveranstalter organisiert. Sie packte ein paar Sachen zusammen, viel würde sie nicht mitnehmen müssen. Die milden, warmen Sommer in Ostpreußen ... sie sah sich am Frischen Haff spielen, unten am Strand, die langen dunklen Zöpfe rahmten das schmale, hübsche Gesicht ein, sie sah sich ihre selbst genähte Puppe in das Boot ihres Jugendfreundes Albert – Alli – setzen. Eine Welle kam angerollt, das Boot kenterte und die Puppe ging über Bord und versank im Wasser. Das Dorf war nicht vollständig untergegangen. Es hieß, das Dorf stehe noch, auch die alte Schule und die Kirche, in der jetzt das Vieh weidete. Das Vieh ... sie hörte die jammernden Kälber, die

Kühe, die Schweine, die schreienden Tiere im Winter 1944/45. Gab es ihr Elternhaus noch? Was würde sie vorfinden?

Nach der zweitägigen Schifffahrt kamen sie in der kleinen Hafenstadt an, die jetzt einen russischen Namen trug, dann ging es weiter mit dem Autobus übers Land, sie schaute aus dem Fenster, das Herz schlug ihr bis zum Hals. Das schöne, melancholische Land, da lag es ja wieder ausgebreitet vor ihr. Sie musste es nur in die Arme nehmen, das Land und seine kristallenen, funkelnden Seen, die dunklen Wälder und saftigen Weiden, die grasenden Pferde, die Zuckerrübenfelder, das Haff mit seinen Steilküsten und weißen Wanderdünen. Was sie sah, vermischte sich mit ihren Erinnerungen. Die vielen Obstbäume ... wurde hier noch immer Roggen und Buchweizen angebaut? Hatte sie vorhin tatsächlich Trakehner gesehen? Störche, die auf den Dächern nisteten? Seeadler in der Luft? In Kaliningrad bezog sie ein kleines, bescheidenes Zimmer in einem Hotel, das nach westlichen Ansprüchen viertklassig war. Es war schon spät und sie war müde von der Reise, sie ging zu Bett und schloss die Augen. Ich bin wieder zu Hause, dachte sie und seufzte. Aber was würde noch übrig sein von dem Zuhause, nach dem sie sich fünfzig Jahre lang gesehnt hatte? Die Landschaft war noch immer dieselbe und gleichzeitig eine ganz andere. Würde sie den Menschen willkommen sein, die seit zwei Generationen hier lebten? Sie schlief ein. Sie träumte. Quedlins standen am Straßenrand und winkten. Du bist wieder zu Hause.

Als sie am nächsten Morgen aus dem Haus geht, begegnen ihr die Menschen misstrauisch bis unverhohlen ablehnend oder neugierig, Kinder betteln sie um Bonbons oder Kaugummis an, andere bewerfen sie mit kleinen, harten Kieseln. Das tut weh. Kein Wunder, wir fallen hier ein wie die Heuschrecken, denkt sie dann. Der einsetzende Heimattourismus muss die russischen Familien verstören, die nach dem Krieg hier zwangsangesiedelt worden sind und versucht hatten, sich auf fremdem Boden ein neues Zuhause zu schaffen. Nun kommen die Deutschen. »Die Deutschen kommen ... und wollten sich ihr Land zurückerobern.«

Sie will sich aber nichts zurückerobern – außer ihren Erinnerungen, Bildern, Farben und Gerüchen. Sie will nur noch einmal nach Hause, ans Frische Haff, die Hand in die Wellen der

Ostsee legen, über den weißen Sandstrand laufen, den Himmel betrachten, der nirgendwo so weit ist wie hier. Als sie durch Kaliningrad läuft, kommt ihr eine Gruppe russischer Soldaten entgegen. Die Soldaten weichen nicht aus, einer rempelt sie hart an der Schulter an. Fast verliert sie das Gleichgewicht. Die Soldaten lachen und spucken ihr hinterher. Da packt sie der Trotz und die Wut. Haut ab, ist sie versucht, zu rufen. Haut ab, das ist mein Zuhause. Sie erschrickt und schämt sich.

An diesem Tag fährt sie in den Ort, in dem die Schwiegereltern gelebt hatten – und die Quedlins. Was aus den Alten geworden ist, weiß keiner so genau. Die Tochter und ihre beiden Kinder seien nach Sibirien verschleppt worden, heißt es. Die Einundsiebzigjährige geht an verfallenen Häusern vorbei, die von morschen Holzzäunen eingegrenzt werden, auf niedrigen Bänken hocken alte Frauen in der Sonne. Die Frauen tragen Kopftücher, sie halten ihre knorrigen Hände im Schoß gefaltet. Manche sind eingenickt, andere blinzeln in die Sonne oder lächeln sie aus wettergegerbten Gesichtern und zahnlosen Mündern an. Was diese Frauen im Krieg wohl Schlimmes durchgemacht haben? Auch sie sind aus ihrer Heimat vertrieben worden. Die Ärmsten der Armen haben sie hier angesiedelt. Sie sieht die alten Frauen auf den Bänken vor ihren Häusern sitzen und denkt an die Großeltern, die abends auf der Bank unter dem Zimmer der kleinen Enkelin saßen, dem Zimmer mit der schönen Rosentapete. Rhabarber, rhabarber ... machten Oma und Opa und murmelten die Sechsjährige in einen wohligen Schlaf. Die Flucht haben sie nicht überlebt.

Sie schaut sich um. Wellblechdächer, verbretterte Fenster, streunende Hunde, die niedrigen Obstbäume sind fast ein Trost für das Auge. »Ich habe das Geschirr vergraben. Im Erdloch neben dem Birnbaum«, hört sie wieder ihre Schwiegermutter murmeln. Sie hört das Geklimper der Schlüssel in den nervösen Händen der freundlichen, schlanken Frau. Die Schwiegermutter ... Sie und die anderen ließen die Einundzwanzigjährige nach ein paar Tagen Flucht durch den eisigen Winter an dieser gottverlassenen Bahnstation zurück. Das Pferd wollte nicht mehr, es konnte den Wagen nicht mehr ziehen, es war völlig erschöpft und schweißüberströmt, zitternd brach es unter den

Schlägen des Wagenlenkers zusammen. Die anderen wollten zu Fuß auf den gefrorenen Wegen weitergehen, aber diese Strapazen konnte die geschwächte Hochschwangere nicht mehr bewältigen. »Warte, dass ein Zug kommt. Das ist deine einzige Chance, zu überleben. Vielleicht kommt ein Zug vorbei und bringt dich in Sicherheit.« Die Schwiegermutter meinte es gut; später verstand sie sich selbst nicht mehr – warum war sie nicht bei ihrer Schwiegertochter geblieben? Die Einundzwanzigjährige lag auf der Holzbank vor dem Bahnwärterhaus, die Nacht brach herein, es dunkelte, seit Stunden war kein einziger Zug vorbeigekommen, es begann zu schneien, sie fror. Tränen liefen ihr über das Gesicht, ohne dass sie es verhindern konnte. Sie legte die Arme um den Bauch, um das Kind zu schützen. Die Hände vergrub sie im Muff, die eisigen Finger umklammerten ihre Papiere. Die Füße in den Lederstiefeln spürte sie nicht mehr. Sie schloss mit ihrem Leben und dem Leben ihres Kindes ab. Sie wartete, dass die Russen kommen würden. Und dann fuhr ein Wehrmachtsauto vorbei, die Soldaten hielten. »Um Himmels willen, was machen Sie denn hier?«

»Ich möchte nach Berlin«, weinte sie. Sie wurde auf den Rücksitz des Autos gelegt, quer über die drei hinten sitzenden Männer. Die brachten sie zu einer Bahnstation mit dem Namen Birnbaum, ausgerechnet, von dort ging ein Zug nach Berlin. Nach Berlin, wohin sollte sie sonst? In Berlin lebten die einzigen westlichen Verwandten. Ihre Schwiegermutter war bereits in der Reichshauptstadt, als die Schwangere nachkam; sie hatte es tatsächlich geschafft, aber in Sicherheit waren sie dort beide natürlich nicht. In Berlin heulten fast jede Nacht die Sirenen. Fliegeralarm. Auf dem Weg in den Luftschutzbunker wurden der Schwiegermutter beide Beine von einem Granatsplitter abgerissen, sie verblutete auf der Straße.

Die Einundsiebzigjährige geht durch die Straßen ihres Heimatortes. Dieser schreckliche Krieg, das ist doch alles Wahnsinn, denkt sie. Von derlei grauenhaften Kriegserlebnissen können die Russinnen heute genauso viele Geschichten erzählen wie wir. Aber wir erzählen einander nichts. Größer als die Sprachbarrieren ist unser Misstrauen. Englisch spricht hier niemand. Es gibt russische Dolmetscherinnen und Dolmetscher, die Hilfe anbieten.

Am nächsten Tag unternimmt sie einen Spaziergang durch ihr früheres Heimatdorf. Sie geht durch die sandigen Straßen, viele der alten Häuser stehen sogar noch, wenn sie auch ziemlich heruntergekommen sind. Dort in dem Eckhaus muss Familie Lappöhn gewohnt haben, mit der Tochter ist sie zur Schule gegangen, hier wird das Haffschlösschen gestanden sein, in dem fast alle Hochzeits- und Beerdigungsfeiern abgehalten worden waren, dort die Bäckerei, sie sieht den Schusterladen, das Standesamt und die Polizeistation, sie sieht sich über den Trommelplatz laufen, da war jeden Herbst Jahrmarkt, da gab es eine Schiffsschaukel, aber die echten Schiffe lagen im Hafen und über den Fischerbooten und Ausflugsdampfern kreischten die Möwen. Der Friedhof ist von Unkraut und wild wuchernden Pflanzen überwachsen, die meisten Grabsteine sind nach Kriegsende entfernt worden, um die Straßen damit zu pflastern. Aber die Schule steht noch. In ihre Klassenlehrerin, Fräulein Brokard, war sie ein bisschen verliebt gewesen, die war so hübsch und humorvoll, und sie hatte den Bildungshunger der kleinen Schülerin erkannt. Fräulein Brokard hatte ihr Bücher aus der Bücherei besorgt. Eines Tages kam sie nicht mehr in die Schule, sie habe geheiratet, wurde ihnen erzählt. Später hieß es, sie soll sich abfällig gegen die Nazis geäußert haben. Ein anderer Schulweg führte durch den Wald mit den knarzigen Kiefern. Einmal ist sie einem Elch begegnet, sie hat einen furchtbaren Schrecken bekommen, als das Riesentier auf seinen hohen Beinen plötzlich aus dem Unterholz auftauchte und ihr den Weg versperrte. Von ihrem Elternhaus findet sie nur noch die Grundmauern. Aber der Birnbaum steht noch. Sie steckt ein paar Birnen in die Manteltasche und wird von einer Russin auf Deutsch angesprochen. Es stellt sich heraus, dass die Russin Deutsch an einer Kaliningrader Schule unterrichtet, ihre Eltern leben hier im Ort. Die Einundsiebzigjährige wird zum Essen eingeladen, die alten Russen sind sehr gastfreundlich, aber auch ein bisschen schüchtern. Dann wird Wodka ausgeschenkt und der lockert allen die Zunge. Sie erzählt von ihrer Kindheit und Jugend hier im Dorf, von den Menschen, die hier lebten – von der Landwirtschaft und vom Fischfang. Sie erzählt nett und anschaulich, die Russin dolmetscht und ihre Eltern hören ihr aufmerksam zu. Beim Abschied umarmen sich alle.

Im Hotel findet sie die kleinen Birnen in der Manteltasche. Sie nimmt sich vor, sie in Deutschland in Harz zu gießen und als Briefbeschwerer auf ihren Schreibtisch zu stellen.

Am nächsten Tag tritt sie die Heimreise an. Sie steigt in den Autobus, sie fährt über Land und schaut aus dem Fenster. Die Landschaft fliegt an ihr vorbei. Sie nimmt sie noch einmal in den Arm, dann lässt sie sie los und dreht sich nicht nach ihr um. »Jetzt war ich zu Hause«, sagt sie leise zu sich. »Und jetzt fahre ich nach Hause.«

Mit der Russin, die als Lehrerin arbeitet, wird sich eine Brieffreundschaft entwickeln. Auch die Direktorin der Kaliningrader Schule nimmt Kontakt mit der Einundsiebzigjährigen auf und bittet sie, von ihrem Leben in Ostpreußen vor 1944/45 zu erzählen. Das interessiere besonders die jungen Schülerinnen, die hier aufgewachsen sind. Also schreibt sie ihre Erinnerungen auf, die werden ins Russische übersetzt. Sie schreibt anschaulich, sie schickt Fotos. Sie sind meine Lieblingsschriftstellerin neben Hilde Domin, sagt die Direktorin. Elke lacht. Ich bin doch keine Schriftstellerin, obwohl sie vielleicht das Zeug dazu gehabt hätte. Warum auch immer, eine Schriftstellerin ist sie nicht geworden. Es gibt eine Ausstellung in der Schule über die Kindheit und Jugend der Deutschen. Schülerinnen spielen Szenen aus ihrem Leben nach, Fotos werden nachgestellt. Sie schickt Bücher, die deutschen Klassiker, aber auch Werke zeitgenössischer Autorinnen und Autoren. Sie fährt ein zweites Mal. Sie wird herzlich empfangen. Dann fährt sie nicht mehr.

Ich musste noch einmal zurück, sagt sie. Um abzuschließen.

Sag wie lange haben deine Füße

den ganzen Weg
von A und nach O

durch dunkle, verlassene Gegenden
an blühenden Flussufern entlang
über Stock und über Stein
über nasses Straßenpflaster
auf weichem Sand
auf festem Untergrund
auf schlammigem, schlüpfrigem Boden

durch Dürregebiete
und saftige Wiesen
beim Aufstieg auf den Gipfel
beim Abstieg in die Ebene
ins tiefe Höllental
über meine Grenzen
über mich selbst hinaus

übers Wasser

Sag wie lange haben deine Füße
mich getragen?

Wer weiß?

Unser aller Lieblingsgeschichte war natürlich die vom Kennenlernen unserer Eltern. Immerhin verdankten wir dieser Begebenheit unsere Existenz. Doch nicht nur darum mochten wir die Geschichte. Unsere Mutter erzählte so lebendig und anschaulich, dass sie uns mitnahm in eine Zeit, die uns unendlich lang vergangen schien (dabei war es der Vorabend unserer Geburt), wir tauchten ein in die Atmosphäre einer Gesellschaft, die wir selbst nur noch in ihren letzten, schwachen Atemzügen erlebt hatten. Und es war eine wunderbar romantische Liebesgeschichte, von der wir spürten, dass sie uns ganz viel über unsere Eltern verriet, uns einen tiefen Blick in die sonst so verschlossenen Seelen dieser beiden wichtigsten Menschen gab. Es kam uns fast vor, wie ein heimliches Linsen durch das Schlüsselloch eines verbotenen Zimmers. Ich liebte die Geschichte und habe sie so oft gehört, dass ich noch heute alles so vor mir sehe, als wäre ich selbst dabei gewesen.

1953. Das große, alte Haus mit dem angrenzenden Park, der von glanzvollen, aber vergangenen Zeiten erzählt, die hell erleuchteten Fenster. Eine Abendgesellschaft sitzt um den festlich gedeckten Tisch. Es gibt Rehrücken mit feinem Möhrengemüse und Preiselbeeren. Dazu einen guten Roten. Der Hausherr ist Jäger und ausgewiesener Weinkenner. Ruhig und sachlich erzählt er, wann und wo er das Wild geschossen hat. Man hört ihm artig zu. Aha, so … tatsächlich? Interessant! Man nickt beeindruckt, nimmt die Gabel, pickt vorsichtig ein Stück Fleisch vom goldgeränderten Porzellanteller auf, schiebt sich den Happen langsam in den Mund und lässt ihn sich genüsslich auf der Zunge zergehen.

Man weiß zu feiern in diesen Jahren. Der Krieg ist lange vorbei, aus den Köpfen verbannt, auch wenn hier und da in der Stadt immer noch Trümmerhaufen an das Schreckliche erinnern. Doch jetzt ist Zukunft, Wirtschaftswunder ist angesagt. Die Geschäfte laufen wieder, man gehört zu den Glücklichen, die den Reichtum über den Krieg retten konnten. Was dieses »Glück« gekostet haben mag, darüber wird nicht nachgedacht. Aufarbeitung, das ist Sache der anderen. Hier wird gefeiert, man will nicht erinnert werden an Leid und Schrecken. Man will das Leben genießen und die Champagnerkorken knallen lassen.

Und dazu lädt der Hausherr nun auch ein. Die Tafel wird aufgehoben, die Gesellschaft nach unten gebeten, in den Salon. Auch ich begebe mich ins Erdgeschoss, meine Hand streift über das dunkle Nussbaumholz des geschwungenen Geländers. Im Flur fällt mein Blick auf ein Ölbild. Eine Wirtshausszene, drei kartenspielende Männer um einen blank gescheuerten Tisch. Über der Eingangstür das Familienwappen, auch in Öl. Na ja … Wo ist sie jetzt? Beim Essen habe ich sie noch gesehen. Mir fiel auf, wie schön sie das Besteck in den Händen gehalten, wie ruhig und elegant sie gegessen hat. Sie, die Fischerstochter, fiel gar nicht auf in der feinen Gesellschaft aus wohlhabenden Kaufleuten, Honoratioren der Stadt, Anwälten und dem obligatorischen Hauspfarrer. Wie war sie bloß hierher geraten?

Ich begebe mich in den großen Saal. Stimmenwirrwarr. Cocktails werden gereicht, Champagner ausgeschenkt. Man lacht, die Herren stecken sich eine Havanna-Zigarre an, die Damen eine Supra-Filterzigarette, es ist schick, zu rauchen, man tauscht Nettigkeiten und Neuigkeiten aus. Sie steht inmitten einer der vielen Grüppchen, die sich hier unten gebildet haben, und erzählt. Sie – meine Mutter. Einunddreißig Jahre alt ist sie, in fünf Jahren wird sie mich auf die Welt bringen. In fünf Jahren wird sich viel verändert haben für sie, ihr ganzes Leben. Bis vor kurzem schrieb sie kleine Kolumnen für eine große Zeitung, zur vollwertigen Sportjournalistin war sie nicht avanciert, Sportjournalismus ist und bleibt eine Männerdomäne. Doch erzählen, das kann sie, das sehe ich an den Gesichtern der umstehenden Damen und Herren. Sie zieht die Gruppe in ihren Bann. Frauen wie Männer hören ihr amüsiert, gespannt und aufmerksam zu. Gerade ist ihr eine Anekdote gelungen, es wird laut und spontan gelacht. Ich schaue sie an und ich muss fast ein bisschen wehmütig lächeln. Sie ist ohne Begleitung hier, die einzige Single-Frau unter den Gästen. Das macht sie noch interessanter, finden die Herren. Die Damen fühlen sich etwas unbequem mit ihr. Sie schauen sie verstohlen von der Seite an und tuscheln. Eine Freundin der Schwiegertochter soll sie sein. Elke ist attraktiv, intelligent und provozierend selbstbewusst. Vor ein paar Monaten hat sie ihrem Mann den Laufpass gegeben. Hat ihren kleinen Sohn an die Hand genommen und ist gegangen, nachdem der Gatte, vollwertiger Sportjournalist, nicht die Hände hat lassen können von den Sportlerinnen. Wie konnten Sie so ein Luxusleben aufgeben, würden die Damen sie am liebsten fragen. Ich wollte mich nicht mehr demütigen lassen. Lieber auf halbem Wege umgekehrt als den ganzen Weg umsonst gemacht. Das ist der Luxus, den ich mir leiste, würde Elke antworten. Aber die Damen fragen sie lieber nicht. Vielleicht beneidet die ein oder andere sie um ihre Konsequenz und Unabhängigkeit.

Ich schaue mich im Salon um. Dort hinten in der Ecke stehen die Gastgeber, der alte, etwas füllige Seniorchef im dreiteiligen dunklen Anzug nebst fülliger Gattin und fülligem Sohn. Meine Großeltern und mein Onkel. Aber das wissen sie noch nicht. Am heutigen Abend steht das junge Paar, der Sohn des Hauses und seine Frau Isolde, Elkes Freundin, im Mittelpunkt. Auf diesem Paar liegen alle Zukunftshoffnungen der alteingesessenen Familie. Elke denkt an ihre alten Eltern. Sie wissen immer noch nichts von der Scheidung. Die beiden haben genug Sorgen, versuchen gerade mühsam Tritt zu fassen in der neuen Heimat. Elke seufzt. Mach dir keine Gedanken, Mama, ich gehe nicht unter, wird sie ihre Mutter beruhigen. Ich kann mich über Wasser halten, du weißt doch, ich bin eine gute Schwimmerin. Eine gute Schwimmerin ist sie tatsächlich, kein Wunder, sie ist am Frischen Haff groß geworden. Sie wird nicht untergehen. Sie hat die Flucht überlebt, den kleinen Sohn im Bombenhagel von Berlin zur Welt gebracht hat und als Trümmerfrau gearbeitet. Und nun hat sie den Mut gehabt, sich aus dieser ersten Ehe zu lösen, die so vielversprechend angefangen hatte, die ihr den Weg in den Journalismus ermöglicht hatte. Das Schreiben – da war sie ebenso in ihrem Element wie als Schwimmerin im Wasser. Das hätte ihr Leben sein können! Bis sie merkte, welchen Preis sie dafür zahlen musste. Und da beschloss sie zu gehen. Diesen Preis würde sie niemals zahlen. Niemand, kein Mann der Welt, würde ihr je den Preis ihrer Selbstachtung wert sein.

»Der Musikus ist da!«, ruft jemand. Alle drehen die Köpfe gleichzeitig zur Tür. Auch ich drehe mich um. Ich sehe meine Tante Isolde zur Tür hereinkommen, sie trägt einen Kofferplattenspieler vor sich her, mein Onkel eilt ihr entgegen und will ihr den Koffer abnehmen, aber sie winkt ab. Dafür zieht er nun die Schiebetür auseinander, die den vorderen und hinteren Saal voneinander trennen. Im hinteren Teil ist die Mitte freigeräumt worden, Isolde stellt den Plattenspieler auf eine Kommode und klappt ihn auf. Eine Freundin blättert in Isoldes schrecklich schöner Schallplattentasche und reicht ihr kichernd eine der schwarzen Scheiben. Kurz darauf ertönt die Stimme von Caterina Valente. Ganz Paris träumt von der Liebe. Drei Paare schlendern lässig auf die Tanzfläche, der gemütliche Teil des Abends hat begonnen.

Elke steht an einem der hohen Sprossenfenster, es ist warm hier im Saal und stickig vom Zigaretten- und Zigarrenrauch, sie wendet der Gesellschaft und mir den Rücken zu und schaut nach draußen auf den Park mit den vielen alten Eichen. Jetzt dreht sie sich um und ich sehe ihren Augen an, wie gerne sie tanzen würde, sie wippt mit einem Fuß zum Takt der Musik, ach, wie gern würde sie jetzt tanzen, ich weiß ja, wie gern sie tanzt. Wenn sie schon alt ist und mein

Vater längst gestorben, werde ich sie bei einem Familienfest zum Walzer auffordern. Aber hier wird sie nicht aufgefordert, die Herren würden ja gern, aber die Damen wachen eifersüchtig über ihre Gatten. So weiß sie nun nicht so recht, wohin mit sich. Auch fühlt sie sich nicht wirklich wohl in dieser Gesellschaft. Isolde hatte es sicher gut gemeint mit ihrer Einladung. Sie sollte Kontakte knüpfen, vielleicht eine wichtige Bekanntschaft machen können – schließlich war sie als alleinerziehende Frau doch nun auf so etwas angewiesen. Doch Elke ist gerade überhaupt nicht mehr danach, auf irgendetwas oder irgendjemanden angewiesen zu sein.

Sie überlegt gerade, ob es nicht besser sei, die Gesellschaft nun zu verlassen, als das Unglück geschieht. Ich habe es kommen sehen, aber ich kann sie ja nicht warnen. Es gibt mich ja noch nicht. Sie will ihr Champagnerglas auf einem Tablett abstellen, ein Tanzpaar schert aus und rempelt sie an, sie stolpert, fängt sich, ein stechender Schmerz durchfährt ihren Fuß – ha, das tut weh! Sie humpelt, will nicht auffallen, ein verknackster Fuß ist kein Beinbruch. Jetzt erst recht, nichts wie weg. Sie humpelt Richtung Diele und natürlich fällt sie auf. Eine Gruppe besorgter Gäste schart sich um sie, Isolde kommt aufgeregt herbeigelaufen. Der Knöchel muss gekühlt werden, hol mal jemand Wasser! Der füllige Juniorchef kommt hinzu, macht sich ein Bild der Situation und handelt. »In diesem Haus gibt es kein Wasser.« – Er nimmt einen Champagnerkühler vom Sektbuffet. »Darf ich?«, fragt er süffisant, entkorkt eine Champagnerflasche und träufelt das kühle, teure Nass über Elkes Knöchel. Elke traut ihren Augen nicht. Was schüttet der ihr einfach Champagner über den Fuß, ohne sie zu fragen, denkt sie. Was für eine dekadente Gesellschaft! Sie ist empört, ihre Augen sprühen vor Wut. Sie springt aus dem Sessel auf und erklärt spitz, Humpelstilzchen wolle sich den Fuß lieber selbst kühlen, im Bad unter kaltem – Wasser!!!

Die umstehenden Gäste mustern sie erstaunt und voller Befremden. Alle Achtung, die kann ja richtig ungemütlich werden. Elke versucht ein paar Schritte draußen im Flur. Sie geht auf dem schweren Teppich auf und ab. Isolde und ich laufen ihr hinterher. »Alles in Ordnung?«, fragt meine Tante. Das Humpelstilzchen nickt und lächelt. Alles in Ordnung. Wo war noch mal das Bad? Ach ja, da hinten am Ende des

Flurs. Der Flur ist hell beleuchtet. Wie angenehm. Als Kind hat sie über den dunklen Hof laufen müssen, um auf das Toilettenhäuschen zu gehen. Schrecklich war das.

Auf dem Weg ins Bad fällt ihr eine halb offene Tür auf, über der auf einem Emailleschildchen »Offizin« steht. Offensichtlich das Kontor des Gastgebers. Auf dem Schreibtisch brennt eine Berliner Messinglampe. Ob der Seniorchef über seinen Büchern sitzt? Eben hat sie ihn noch am Champagnerbuffet gesehen. Elke wirft einen kurzen Blick in das Zimmer, sie stutzt. Ich schaue ihr über die Schulter. Auf dem Fußboden sehen wir einen Mann hocken. Sein Alter ist schwer zu bestimmen. Ende Zwanzig? Seltsamerweise trägt er einen alten, verfilzten Pullunder und eine Trainingshose, aber keinen Abendanzug. Er hat die Arme um die Knie geschlungen und lehnt den Hinterkopf an die Wand. Die Augen hält er geschlossen. Mager ist er. Sehr mager. Der passt so gar nicht in diese Gesellschaft, denkt sie und geht weiter. Ich warte vor dem Bad auf sie, wie früher ihr Bruder Willy vor dem Toilettenhäuschen, als sie klein war und ängstlich. Jetzt ist sie erwachsen und inzwischen recht couragiert. Trotzdem warte ich. Ich will sie nicht wieder aus den Augen verlieren. Als sie vom Bad zurückkommt, sieht sie durch die halb offene Tür, dass der Mann in unveränderter Haltung auf dem Fußboden sitzt. »Entschuldigung, wer ist denn das?«, flüstert Elke einer Angestellten zu, die eben über den Flur Richtung Küche läuft. Die Angestellte bleibt stehen und wirft einen raschen Blick in das geöffnete Zimmer. »Ach so. Das ist der jüngere Sohn des Hauses«, sagt sie trocken. »Gerade aus der Gefangenschaft zurück.«

»Den hab ich ja gar nicht beim Essen gesehen«, will Elke noch sagen, »und ich wusste gar nicht, dass es zwei Söhne …« aber da ist die Hausangestellte schon wieder weg.

Einen Moment bleibt sie zögernd vor der Tür stehen, dann macht sie einen entschlossenen Schritt nach vorn und klopft leise an, der Mann öffnet die Augen und beugt sich vor. »Störe ich?«, fragt Elke, der Mann schüttelt langsam den Kopf, sie betritt das Kontor. Ich folge ihr. Wir sehen in ein sensibles, schmales Gesicht, auf dem ein Ausdruck großen Erstaunens und gleichzeitig etwas Missbilligung liegt. Aus dem Rundfunkapparat, neben dem der

Mann sitzt, ist eine leise, monotone Sprecher-
stimme zu hören, die Namen verliest. Wir
schweigen erstaunt. Der Mann sagt fast trotzig,
das seien die Namen von Kriegsgefangenen, die
Adenauer »rausgeholt« habe – wie ihn. Spät-
heimkehrer. Elke schaut auf den verfilzten, ge-
musterten Pullunder, den er trägt. Den habe er
sich vom Dachboden geholt. Fast unfreundlich
hört sich das an, so wie er das sagt, ohne sie
anzugucken. Dann macht er eine Pause. Das
war mein Lieblingspulli, erklärt er etwas leiser
und freundlicher. Dann lehnt er den Kopf an
die Wand. Er hoffe, die Namen von Kriegsent-
lassenen zu hören, die im selben Lager waren
wie er. Elkes verknackster Knöchel bereitet ihr
Schmerzen, sie streift die Schuhe mit den Pfen-
nigabsätzen von den Füßen und setzt sich neben
ihn auf den Fußboden. Er betrachtet sie interessiert von der Seite. Die passt so gar nicht in
diese Gesellschaft, denkt er. Ich setze mich
auch auf den Fußboden, den beiden gegenüber.
Sie sehen mich nicht. Sie wissen noch nichts
von mir. Wir schweigen und lauschen der
Radiostimme. Dann ist die Radiosendung zu
Ende. Eine andere Sendung beginnt. Vielleicht
ist sie ihm ja tatsächlich gesandt worden, die

Frau, die kleine Artikel für eine große Zeitung schreibt und einen Blick hat für das innere und äußere Geschehen, für die kleinen und großen Tragödien auf der Tribüne. Diese Frau, die Hoffen, Bangen, Freude und Enttäuschung am Spielfeldrand so klug und einfühlsam beobachtet. Sie schlingt ihre Arme um ihre Knie und hört ihm zu. Wir hören ihm zu.

Seit wenigen Tagen sei er zurück aus Russland. Kurz vor Kriegsende habe man ihn von der Schule weggeholt, das Notabitur habe er noch machen dürfen, dann sei er an die Ostfront geschickt worden und dort ziemlich schnell in russische Gefangenschaft geraten. Die Familie habe mit ihm wohl nicht mehr gerechnet. Vor allem der Bruder nicht, der sich schon als Alleinerbe wähnte. Achselzucken. Er jedenfalls empfinde es als ein großes Wunder, dass er nach Hause durfte ... nach fast zehn Jahren. Seine Stimme zittert. Dann schweigt er trotzig. Na ja, in Deutschland gäbe es ja nun ein größeres Wunder, das Wirtschaftswunder. Elke sieht den fülligen Gastgeber vor sich, der unentwegt mit den Fünfmarkstücken spielt, die seine tiefen Anzugtaschen ausbeulen. Sie schaut den jüngsten Sohn des Hauses an, den späten

Heimkehrer und fragt sich, ob ihn denn niemand vermisst hat beim Essen und im großen Saal. Wissen seine Eltern, dass er sich hier versteckt hält? Grämt es sie, dass er die Gesellschaft scheut oder lassen sie ihm einfach Zeit? Sie denkt an den Bruder, der ihr eben noch den Champagner über den Fuß gegossen hat, an diese Gesellschaft, die von all dem Elend nichts mehr wissen will, das von diesem jungen Mann neben ihr so überdeutlich verkörpert wird. Nein, selbst wenn er sich einen Anzug übergezogen hätte – er wäre ein Fremdkörper geblieben. Ein Fremdkörper in der eigenen Familie. Elke und der jüngste Sohn des Hauses schweigen. Sie schauen sich an.

Das ist der Moment, wo ich aufstehe und die Tür hinter ihnen schließe. Ich will nicht weiter heimlich lauschen, ich müsste es nicht einmal. Meine Mutter hat mir die Geschichte oft genug erzählt. Es war eine Begegnung wie aus einem Liebesfilm der fünfziger Jahre. Seit dieser Unterhaltung sei mein Vater ihr nicht mehr von der Seite gewichen. Es war tatsächlich die große Liebe, die ihr hier im Abseits der guten Gesellschaft begegnet war.

Welche Zukunft mögen die beiden sich erträumt haben, als sie merkten, dass sie füreinander geschaffen sind? Fantasieren wir einmal: Sie heiraten und bekommen viele Kinder. (Meine Mutter hatte immer viele Kinder gewollt. Selbst der Krieg konnte sie nicht davon abhalten, sich ein Kind zu wünschen.) Er studiert und ist zufrieden in seinem Beruf, sie schreibt und veröffentlicht weiter. Die beiden sind glücklich und verliebt bis an ihr Lebensende.

So mögen die Träume ausgesehen haben. Aber vielleicht ist die Geschichte dann doch anders verlaufen? Wer weiß … Zunächst sind sie noch voller Aufbruchsfreude, immerhin haben sie den Krieg überlebt. Sie wollen leben, vergessen, was hinter ihnen liegt. Zwar darf er seinen Traumberuf nicht ergreifen, er muss die Firma übernehmen, nachdem sein Bruder früh gestorben ist. Aber Hauptsache Elke ist da, seine große Liebe und sein Fels in der Brandung. Nach ein paar Jahren holt ihn dann die Vergangenheit ein. Das unverarbeitete Trauma des Krieges. Das unverarbeitete erlittene oder auch begangene Unrecht. Da ist nichts mehr in Ordnung. Er beginnt zu trinken und bringt sein

Erbteil durch, sie strickt an der heilen Familienfassade, stopft Strümpfe, näht Kleider, bemalt Schränke mit Scherenschnitten. Keine Angst, Mama, ich gehe nicht unter, ich bin eine gute Schwimmerin. Das Wasser ist mein Element. Und das Schreiben. Sie schreibt nicht mehr für die Zeitung, sondern für die Kinder. Theaterstücke, die sie selbst inszeniert und für die sie auch die Kostüme näht. Sie versucht, das Heim mit Bordmitteln schön zu gestalten. Seiner Selbstzerstörung setzt sie unbeirrt Aufbauarbeit entgegen, verlassen kann sie ihn nicht, sie weiß ja, sie ist sein Fels in der Brandung – und er ist und bleibt ihre große Liebe, bei aller Enttäuschung. Sie bleibt ihm treu, arbeitet als Trümmerfrau in der Familie, trägt schwer an den eigenen Traumata, von denen er nichts, von denen niemand etwas wissen will, sie ruiniert sich den Rücken an den schweren Belastungen, bringt die Kinder durch, er stirbt früh, sie überlebt ihn um 36 Jahre. Vielleicht ist aus der großen Liebe am Ende eine belastete Liebe geworden, »ein schweres Glück«. – Wer weiß.

Tiefer Brunnen Silbermond

Schönes Herz
Tiefer Brunnen Silbermond
Hast du die Augen
Mich zu sehen
Durch die entsternte Nacht?

Mich hast Du doch am liebsten?

Jeden Abend vor dem Schlafengehen kam unsere Mutter zu uns ins Kinderzimmer, um uns Gute Nacht zu sagen. Ich höre sie noch jetzt die Treppen hinaufspringen. Mein Herz pochte und ich lag ganz still, denn ich liebte sie sehr. Meine Mutter hatte etwas Starkes und Anmutiges zugleich; sie war von einer Leichtigkeit, obwohl ihr Leben nicht leicht war. Wir waren fünf Kinder und die Lebensumstände waren nicht einfach. Aber meine Mutter liebte uns, und das war für uns Kinder das Wichtigste.

Nun neigte sich also der Tag, draußen war es vielleicht schon dunkel. Wir hatten unsere Schulaufgaben gemacht, die Ranzen gepackt, die Kleider für morgen rausgelegt (hübsch säuberlich auf einen Stuhl), wir waren gewaschen und gekämmt, hatten unsere Schlafanzüge an und erwarteten die Belohnung des Tages: den Gute-Nacht-Kuss unserer Mutter.

Die beiden Kinderzimmer waren durch eine Tür voneinander getrennt, die jetzt offen stand.

Vor dem Gute-Nacht-Kuss sangen wir noch gemeinsam Abendlieder. Jedes Kind hatte sein Lieblingslied. Meine Mutter setzte sich an jedes Bett, intonierte das jeweilige Wunschlied und wir anderen stimmten mit ein. Die Blümelein, sie schlafen. Guter Mond, du gehst so stille. Weißt du, wie viel Sternlein stehen? Der Mond ist aufgegangen. Abendstille überall, das war mein Lied.

Wenn wir gesungen und gebetet hatten, ging meine Mutter von Bett zu Bett, strich uns über den Kopf und neigte sich zu jedem herab. Ich weiß noch, dass ich mich dann immer auf- setzte, meine Arme um ihren Hals schlang und ihr ins Ohr flüsterte: »Nicht, Mutti? Mich hast Du doch am liebsten?« Daraufhin zog meine Mutter mich immer an sich, lächelte und sagte leise: »Ihr seid alle meine Kinder. Ich habe Euch alle lieb. Jeden von Euch hab' ich am liebsten.« Ob ich damit zufrieden war? Ich weiß es nicht.

Jahre später verriet uns unsere Mutter, dass nicht nur ich ihr diese Frage gestellt habe, son- dern jede/r von uns. »Nicht, Mutti? Mich hast Du doch am liebsten?« Und sie war es nicht müde geworden, immer wieder zu antworten:

»Ihr seid alle meine Kinder. Ich habe Euch alle lieb. Jeden von Euch hab' ich am liebsten.«

Wenn meine Mutter das Licht gelöscht und die Tür angelehnt hatte, wusste ich, jetzt schläft sie noch lange nicht. Jetzt sitzt sie im Wohnzimmer, hört Radio, stopft Strümpfe, näht Kleider, ist einfach da und passt auf uns auf.

Sternensaat

Du gehst durch unsre Straßen
weit oberhalb der Nacht
säest Mond und Sterne aus

Wir schau'n zu dir hinauf
Du winkst uns lächelnd zu

Die Sternensaat geht auf
Wir gehen heim
und finden unsere Ruh

Wer will fleißige Handwerker seh'n?

Als ich Jahre später im Frühstückssaal eines italienischen Restaurants saß und die einheimischen Ober behände durch die Tischreihen hin- und hereilen sah – und sie vor allem hin- und hereilen hörte, denn die meisten von ihnen sangen! – staunte ich und dachte: Wie schön, wenn Menschen bei ihrer Arbeit singen. Die singenden Ober verbreiteten eine fröhliche Atmosphäre; ich sah mich im Saal um, keiner der anwesenden Gäste schien sich gestört zu fühlen von diesen unaufdringlichen Carusos und Pavarottis, die so selbstvergessen und schön sangen. Sie nahmen uns und unsere Frühstückstische durchaus wahr, fragten nach, ob es noch an etwas fehlte, sie lächelten der alten Dame, die am Tisch vor mir saß und mir den Rücken zudrehte, freundlich zu, als sie ihr den Cappuccino brachten, sie sangen ihr sozusagen ins Gesicht, aber sie logen ihr nicht ins Gesicht. Was brachte die Ober zum Singen? War es das mediterrane Klima ihres Heimatlandes, ihre südländische Natur oder hatten sie das Glück, eine Chefin zu haben, die ein Klima schuf, welches zum Singen geradezu einlud?

Ich saß in dem Frühstückssaal und beobachtete, wie die Ober durch die Tischreihen flogen, Zettelblocks zückten, Wünsche aufnahmen, Kaffeekannen auf die Tische stellten und Teller und Tassen abräumten, um singend in der Küche zu verschwinden. Durch die hin- und herschwingende Pendeltür erhaschte ich immer wieder einen Blick in die Küche, in der ebenfalls unter Gesang der Obstsalat zubereitet und der Cappuccino gekocht wurde. Versonnen schaute ich den Tenören beim Hantieren mit den modernsten Küchengeräten aus blank geputztem Edelstahl zu und auf einmal stand ich in der Küche meiner Kindheit.

Ich stehe in einem weiß gekachelten, schlichten Raum vor einem großen steinernen Abwaschbecken. Es ist Abend und wir wollen gleich essen. Unserem norddeutschen Familienbetrieb steht meine meist gut gelaunte, humorvolle und kreative Mutter vor, ihr Küchenteam sind wir, ihre fünf Kinder, wir tragen Handtuchschürzen um die Bäuche und sind in alle Arbeitsprozesse eingebunden: von der Zubereitung des Essens über das Auf- und Abtragen des Geschirrs bis zu den Aufräumarbeiten nach dem Essen. Auch mein Vater ist nicht ausgenommen von den Haushaltspflichten. Er hat eingekauft. Kochen beginnt mit dem Einkaufen. Oft steht auch er am Herd, auch er räumt auf, allerdings glaube ich, dass er sich regelmäßig vor dem Abwasch drückte. Abwaschen mochte keiner von uns so richtig gern.

Jetzt wird erst einmal das Essen zubereitet. Die Älteren dürfen das Brot schneiden, wir Jüngeren waschen das Obst, legen Wurst und Käse auf Servierplatten, nehmen die schwere Butterdose und die dicke, gläserne Milchflasche aus dem Kühlschrank, wir fischen das Besteck aus dem Besteckkasten, stellen Bretter und Becher auf ein großes Korbtablett. Wir sind ein eingespieltes Team. Charakteristisch für unsere Großküche ist ein hoher Grad an persönlichem Arbeitseinsatz, Automatisierung mithilfe elektrischer Küchengeräte gibt es nicht. Eine Spülmaschine kennen wir nicht.

Es ist Herbst und es gibt Holunderbeersuppe, die uns aus den Tellern munter zulächelt. Meine Mutter hat in jeden Teller ein fröhliches Gesicht aus Eiweißschaum gemalt. Wir tragen die warmen Teller vorsichtig ins Esszimmer, damit sich die fröhlichen Eiweiß-Gesichter nicht verziehen. Es wird ein kurzes Tischgebet gesprochen und wir Kinder löffeln die Holunderbeersuppe aus. Meine ältere Schwester fragt, ob meine Mutter nicht auch einmal Hustelinchensuppe kochen möchte. Meine Mutter lächelt, sie will darüber nachdenken, sagt sie und wir löffeln weiter unsere Suppe. Wir lieben, was sie kocht, jeder hat sein Lieblingsessen und wenigstens einmal im Jahr, zum Geburtstag, darf sich jede von uns dieses persönliche Lieblingsessen wünschen. Im Mai ziert den Frühstücksteller des Mai-Geburtstagskindes ein dicker, fetter Schokoladenmaikäfer. Die Nicht-Geburtstags-Geschwister finden eine kleinere Ausgabe des Edelvollmilch-Käfers an ihren Plätzen. Das wird über Jahre so beibehalten und da die meisten von uns im Mai geboren sind, schüttet meine Mutter Geburtstag für Geburtstag säckeweise Krabbelkäfer über unserem Tisch aus – womöglich sind wir mit daran schuld, dass Reinhard Mey eines Tages zu beklagen hat: »Es gibt keine Maikäfer mehr.«

Jetzt ist aber nicht Frühling, sondern Herbst, ein Oktoberabend, draußen ist es bereits dunkel, wir sitzen versammelt um den Abendbrottisch und mein gleichaltriger Bruder, ein immer hungriges Löwenmäulchen, greift als erster in den Brotkorb, er nimmt sein Messer und will die Brotscheibe mit Butter bestreichen, dann schaut er verdutzt, keine Butterdose da. Mit Blick auf meine Mutter bemerkt mein Bruder maulend und vorwurfsvoll, dass die Butter noch fehle. Bevor meine Mutter noch etwas erwidern kann, erhebt mein Vater seine Stimme und schaut meinen Bruder drohend an: »Und bist du noch nicht aufgestanden? Mach deine Mutter nicht zu deiner Dienstmagd.« Mein Bruder schleicht davon in die Küche, um die Butterdose zu holen. Nein, meine Mutter ist kein Heimchen oder Alleinchen am Herd. Weder lässt sie sich dazu machen noch erlaubt unser Vater uns derartige Rollenzuweisungen an sie.

Schließlich ist das Abendbrot beendet, jetzt wird abgeräumt. Das geht fix. Denn, wie gesagt, wir sind ein eingespieltes Team, gut angeleitet von unserer Mutter, die weiß, wie wichtig Aufgabenverteilung für reibungslose Abläufe in einer Großküche sind. Mein Bruder, das maulige Löwenmäulchen soll den Müll runterbringen.

Gleich steht der Abwasch an. Meine Mutter sagt, sie sei in ein paar Minuten zurück. Meine ältere Schwester stellt sich vor das steinerne Abwaschbecken und lässt schon einmal heißes Wasser einlaufen. Wir anderen bewaffnen uns mit einem Handtuch. Wir reihen uns zum Abtrocknen auf, mein Bruder ist mit dem leeren Mülleimer zurück, er schiebt und schubst ihn geräuschvoll und scheppernd über den gefliesten Küchenboden, dann starrt er auf das weiße Blatt Papier, das über dem Küchentisch hängt und kräuselt die Nase und platzt halb entsetzt, halb triumphierend heraus: »Mensch! Ute Elisabeth hat eine Wolke!« Prompt stehen wir alle vor dem weißen Aushang wie vor einer Litfaßsäule. Und lesen die neuesten Nachrichten, die öffentliche Statistik über unser schlechtes beziehungsweise gutes Benehmen. Lesen heißt in unserem Fall, wir deuten die malerischen Zeichen meiner Mutter. Unsere Vornamen können wir zwar lesen und schreiben, aber so richtig fließend lesen kann noch keiner von uns. Wir sind noch im Vorschulalter oder Erstklässler. Allerdings, was eine Wolke oder eine Sonne unter dem Namen von Ute Elisabeth bedeutet, wissen wir, und dass die Woche sieben Tage hat, wissen wir natürlich auch. Heute ist ein schwarzer Freitag, denn ich habe mir durch mein Betragen eine dunkle Wolke eingeheimst, irgendetwas muss ich angestellt haben, was meine Mutter verdrossen hat. Mir dämmert, was es gewesen sein mag. Vielleicht werden meine Mutter und ich noch darüber reden.

Da ist sie zurück. Sie stellt sich an das steinerne Abwaschbecken und taucht die Gläser in das schaumgekrönte Spülwasser. Wir ziehen lange Gesichter ob der Geschirrberge und meine Mutter erzählt, dass sie als kleines Mädchen oft ganz allein vor dem Familienabwasch gestanden habe, im Herbst und Winter, wenn es dunkel war, habe sich ihre ältere Schwester den Begleitschutz zum Toilettenhäuschen draußen im Hof mit dem Abwasch bezahlen lassen. Ja, das war sicher gemein von unserer Tante, aber so recht tröstet es uns nicht. Mein Bruder schaut besonders verdrossen. Als meine Mutter ihn fragt, was denn los sei, verzieht er den Mund und fängt an zu weinen. Er wisse genau, sagt er trotzig, warum immer er den Müll wegbringen müsse: als Strafe dafür, dass er sich immer so schmutzig mache. »Wie kommst du nur darauf?«, fragt meine Mutter entsetzt. Ja, wie kommt er nur darauf? Wir alle spielen viel draußen an der frischen Luft, wir alle toben wie wild herum im Freien, wir alle machen uns schmutzig. Meine Mutter beschließt, dass ich morgen den Müll herunterbringen soll. Hannes dürfe die weiße Wäsche aufhängen. Jetzt ist nicht nur mein Freitag mit einer Kohlestift-Wolke verunziert, auch meine Stirn ist dunkel gedankenumwölkt.

Das alles sehe ich, während ich im Frühstückssaal des Hotels sitze. Und auf einmal höre ich statt *O Sole mio* Kinderstimmen, die mir bekannt vorkommen. *Wer will fleißige Handwerker seh'n* ... – Wir singen beim Abwasch, wie so oft. In null komma nix ist der Abwasch erledigt, und das Thema mit dem Müll auch, vielleicht braucht es nur noch einen Kuss meiner Mutter, dass auch die schwarze Aschewolke über meiner Stirn verschwindet.

Die alte Dame am Tisch vor mir erhebt sich. Sie geht durch die engen Tischreihen des Frühstücksraumes. Ich denke an meine Mutter. In mancherlei Hinsicht war sie vielleicht doch ein Alleinchen – niemand von uns hat sich selbst, geschweige denn meine Mutter ernstlich gefragt, ob sie genügend Raum hatte in der Großküche

oder Großfamilie, genügend Raum für ihre eigenen Bedürfnisse, zum Beispiel nach einem noch
anderen künstlerischen Ausdruck für ihre Kreati-
vität, die ihr so zu eigen war. Die elegante alte
Dame dreht sich kurz um und lächelt mich an.
Ein bisschen sieht sie aus wie meine Mutter, geht
es mir durch den Kopf. Da tritt ein Ober an meinen Tisch und ich bestelle noch einen Cappuccino, er verschwindet durch die Schwingtür und
ich summe ihm leise hinterher. »Wer will fleißige
Handwerker seh'n ...?«

Kleines, rotes Haus

Kleines, rotes Haus
eine Hand an dein Fenster
legen,
mitschwingen
mit deiner Hinterglasmusik

Früher Vogel pickt den Wurm

Als Kind haben mich ihre Mutmacher- und Stimmungsaufheller-Sätze ganz selbstverständlich begleitet. Meine Mutter war ein schier unerschöpflicher Quell von Sinnsprüchen, von kleinen und großen Weisheiten, mit denen sie in den verschiedensten Alltagssituationen unsere Angstgedanken zu vertreiben versuchte und aus denen sie wohl auch selbst Kraft schöpfte. Meistens trug sie ihre Botschaften mit einem Schuss Humor vor, mit einem schalkhaften Lächeln und einem warmen Leuchten in den Augen.

Als Jugendliche konnte es mich zur Weißglut bringen, wenn meine Mutter für jede Lebenslage einen passenden Spruch parat hatte, zähneknirschend ertrug ich ihre Goethe-Zitate – Goethe liebte sie besonders – oder den Aphorismus irgendeines Philosophen. Sie war voller Gedichte, Lebensphilosophien und Volksweisheiten, die sie gutgelaunt und voller Energie und Lebensfrische vortrug.

»*Wir sind nicht auf der Welt, um so zu sein, wie uns andere haben wollen.*«

»*Was immer du tun kannst oder träumst es zu können, beginne es jetzt.*«

»*Früher Vogel pickt den Wurm.*«

Ihre unerschöpfliche Energie ... Meistens war sie vor uns Kindern auf den Beinen, ich erinnere mich nicht, dass wir sie einmal geweckt hätten. Ganz selten durften wir mal am Wochenende morgens zu ihr ins Bett kriechen, was aber meist ein kurzes Vergnügen war. Gönnte sie sich doch einmal eine Mußehalbestunde am Morgen, las sie fast immer in einem Buch und ich tat es ihr nach, denn ich war eine Leseratte wie sie. Allerdings wurden die Buchdeckel bei ihr recht bald wieder zugeklappt und sie stand auf und machte ihre Morgengymnastik. Als junge Frau war sie sportlich aktiv gewesen, vor allem als Schwimmerin, und noch als Vierzigjährige legte sie einen lupenreinen Spagat auf dem Schlafzimmerteppich hin. Wir haben zusammen Kopfstand gemacht und Rad geschlagen. Mein um einige Jahre älterer Bruder erzählte gern die Geschichte, wonach meine Mutter ihn, den damals turnunwilligen Fünfjährigen, für ihre Morgengymnastik begeistern wollte: »Frankchen, glaubst du etwa, andere Mütter turnen so viel mit ihren Kindern?«

»Ja … aber warum dann ausgerechnet du?!«

Früh war sie auf den Beinen und weckte uns nach Pfadfinderinnenmanier mit einem fröhlichen: »Wacht auf ihr Schläferinnen, der Kuckuck hat geschrien, hoch auf des Berges Zinnen seh' ich die Sonn erglüh'n. Kuckuck!« Dieses Ritual behielt sie auch bei, als wir schon in der Adoleszenz waren und ihren Weckruf als schrecklich provozierend empfanden.

Sie schöpfte und schöpfte unermüdlich Aperçus und Sentenzen aus ihrem Brunnen von Weisheit und Lebenserfahrung. Ihre nassforschen Sätze begleiteten uns in jeder Lebenssituation. Wenn wir uns gegen ungerechte Vorwürfe empörten, mit einem tiefen Seufzer: »Dies Kind … kein Engel ist so rein …!« Wenn sie uns auf die Schliche kam, mit schalkhaft ernstem Blick: »Sieh an, sieh an. Timotheus, die Ibyche des Kranicus.« Und wenn sie uns Mut machen wollte: »Kopf hoch, Charlotte!« … »Keine Angst, keine Angst, Rosmarie.«

Allein die Tatsache, dass es weit und breit keine Charlotte und keine Rosmarie gab, rang uns gegen alle Schlechtwetterwolken ein Kichern ab – und die Welt wurde tatsächlich ein wenig heller.

Hinter allem Augenzwinkern konnte meine Mutter aber auch sehr ernst sein. Sie liebte die klare Rede. Ihr Reden war kompromisslos und hat mich stark beeindruckt, manchmal aber auch verärgert oder beschämt: immer dann, wenn sie mir schonungslos zu verstehen gab, dass ich gerade dabei war, mich selbst zu belügen.

Zum Ende ihres Lebens, da sie zunehmend hilflos wurde, veränderten sich ihre Sätze, sie waren immer noch geistreich und gewitzt, hatten aber einen spürbar nachdenklicheren und ernsteren Klang. Sie wurde deutlicher … obwohl sie schon immer deutlich gewesen war und unangepasst, von einer großen Klarheit, die bisweilen Unbehagen hervorrufen konnte.

In den letzten sechs Monaten ihres Lebens begehrte sie auf, die Frau, die stets einen unbequemen, wachen Blick auf die Realität hatte und die weder sich noch anderen etwas vormachen wollte. Sie bezog eindeutig Position. So hatte sie für einen jungen Klinikarzt, der sie herablassend behandelte und sich sehr viel auf seine Abschlüsse einbildete, nur einen Satz übrig: »Was Ihnen fehlt, das können Sie an keiner Universität studieren.«

Und als ihr lauter Morgengruß im voll besetzten Frühstückssaal wiederholt ohne Resonanz blieb, bemerkte sie für alle deutlich hörbar: »Daran muss ich mich erst gewöhnen, dass hier nicht gegrüßt wird.«

Wenn sich ein Pfleger oder eine Pflegerin bei ihr nicht vorstellte: »Wie darf ich Sie ansprechen?«

Wenn mit ihr mal wieder wie mit einem Kind gesprochen wurde: »Mit mir dürfen Sie reden wie mit einer Erwachsenen.«

Auf die entrüstete Frage, was für eine eigenwillige Meinung sie da an den Tag lege: »Das? Das ist meine Haltung.«

Und zu mir, wenn ich mir unnötig viel Sorgen machte, wenn mich Verlustängste plagten und sie mir riet loszulassen: »Du bebst vor allem was nicht trifft, und was du nie verlierst, das wirst du stets beweinen.«

Doch auch der Schalk und ihr Humor ging ihr bis zuletzt nicht verloren. So zwinkerte sie sich selbst zu, wenn es wieder einmal zu eng war in dem Zimmer des Pflegeheims und sie mit dem Rollator gegen einen Tisch oder einen Stuhl stieß:

»*Kleinchen, heb die Beinchen, es kommen Steinchen.*« Ihr Humor, mit dem sie auch auf die ihr zugewiesene gesellschaftliche Rolle schauen konnte: »*Mein Mann, das ist ein Schneider. Und ich bin seine Schneidermadame. Mein Mann näht schöne Kleider. Und ich, ich näh' die Knöpfe daran.*«

Meine Mutter war ein schier unerschöpflicher Quell von Sinnsprüchen, von kleinen und großen Weisheiten, von nachdenklichen, humoristischen Sätzen, mit denen sie uns die Angstgedanken zu vertreiben versuchte.

Die schönsten Sätze aber hat sie sich für den Schluss aufbewahrt, als wir für immer voneinander Abschied nehmen mussten. Auf diese Sätze hatte ich ein Leben lang gewartet. Sie hat sie mir nicht vorenthalten. Und die behalte ich jetzt für mich.

Feuerfarbe

tief in der Feuerfarbe stehendes
brennendes Wort
die Nacht zerflackernd
kein Tag kann dich löschen

Sind wir nicht reich?

Wir waren nicht reich. Ganz im Gegenteil, ich erinnere mich, dass meine Kindheit von Einschränkungen und rigider Sparsamkeit geprägt war. Unsere Welt hätte auch anders aussehen können. Die Familie meines Vaters war durchaus vermögend gewesen. Doch der Krieg hatte zu viele Wunden hinterlassen. So mussten wir also mit bescheidenen Mitteln klarkommen. Doch so bescheiden diese auch waren, unserer Mutter gelang es trotzdem immer wieder auf wundersame Weise, dass wir uns reich fühlten. Oder zumindest vollkommen zufrieden und glücklich mit dem, was wir hatten.

Das beste Beispiel dafür existiert noch heute, gut verpackt in einer Kiste auf dem Dachboden meines Bruders. Irgendwie waren sie uns »heilig«, sie hatten unsere vielen Umzüge genauso überlebt wie unsere Glaubenskrisen und wechselnden Einstellungen zur Ausgestaltung des Weihnachtsfestes. Nichts konnte ihnen etwas anhaben. Alle Jahre wieder umkreisten sie den adventlich geschmückten Eichenholztisch im Esszimmer unserer Großfamilie und später den Single-Wohnzimmertisch meiner Mutter, über dem eine schöne Messinglampe hing. Wir hüteten sie wie einen kostbaren Schatz, der alle Jahre wieder gehoben wurde. Und alle Jahre wieder eilten wir ins Zimmer, um sie gleich nach unserer Mutter zu begrüßen. Wir richteten den Blick zur Lampe und dort schwebten sie ganz zuverlässig: die sechs Engelchen. Sie hingen jeweils zu zweit an unterschiedlich langen, feinen Goldfäden, die um einen filigranen Goldschwebebalken gewickelt waren und bildeten eine zarte, goldene Engelrebe am weihnachtlichen Weinstock. Sie konnten sich drehen und wenden, wie sie wollten, wir fanden sie schön und wir liebten sie. Sie gehörten zu uns seit jenem Spaziergang durch das winterliche Städtchen an der Ostsee …

Spaziergänge waren eine lieb gewonnene Gewohnheit meiner Mutter. Wann immer sie Zeit hatte, lief sie ans Wasser. Unsere Familie wohnte unweit des Ostseestrandes, der uns bei warmen Temperaturen zum Baden einlud und im Frühling, Herbst und Winter zu Spaziergängen an seinem Ufer.

Meine jüngere Schwester und ich begleiteten meine Mutter gern auf ihren kurzen Ausflügen an den Strand, auch in der kalten Jahreszeit. Es machte uns Freude, uns warm anzuziehen und an der Hand unserer Mutter durch den verschneiten kleinen Ort und seine festlich geschmückte Einkaufszeile zu stapfen. Am Ortseingang bogen wir in die breite Allee ein, die direkt hinunter ans Wasser führte, wo fast immer ein eisiger Wind wehte. Im Winter war der Strand von einer eigentümlichen Schönheit. Die verschneiten Dünen hatten sich zu Eisbergen formiert, Eisschollen trieben auf dem Meer und auf den Eisschollen liefen Möwen hin und her, die Dampferstege waren glasiert und mit Schnee überzuckert und von den Geländern tropften dicke, schwere Eiszapfen. In den Dünen saßen kleine Spatzen, die sich gegen die Kälte aufplusterten. Dass die Ostsee zufror, war keine Seltenheit. Die Winter meiner Kindheit waren streng.

Mindestens so beglückend wie die Spaziergänge ans Wasser war jedes Mal der Heimweg. Es hatte zu dunkeln begonnen, nun war die Einkaufsstraße mit Lichtgirlanden illuminiert und jedes Schaufenster festlich dekoriert und beleuchtet. Auf dem Marktplatz standen Holzbuden, es roch nach Lebkuchen und Punsch. Schüler hatten sich zum Adventssingen aufgestellt. Wir gingen geradewegs nach Hause, große Sprünge oder unnötige Ausgaben konnten wir uns nicht leisten, aber daheim würden wir mit einer Tasse Kakao und einer heißen Wecke am Kachelofen belohnt werden.

An jenem Nachmittag liefen wir wieder einmal den Strand entlang, der Sand war bucklig und hart und gefroren, der Wind pfiff uns um die Ohren, wir schauten über das Meer und meine Mutter erzählte uns von den Wintern ihrer Kindheit und von ihrem Großvater, mit dem sie an besonders kalten Tagen aufs Eis hinaus durfte, um Fische zu fangen. Sie erzählte so schön und anschaulich, dass wir schon nach wenigen Worten in der Kindheit unserer Mutter verschwanden. Wir sahen alles genau vor uns: den Großvater, einen hochgewachsenen schlanken Mann, der sich ein Paar Schlittschuhe umschnallte und in eine warme, gefütterte Joppe stieg. Die Großmutter, die ihrer kleinen Enkelin in Kindermantel, Lederstiefel und Wollhandschuhe half.

Draußen vor dem Haus lehnte der große Holzschlitten an der Wand. Wir sahen, wie der Großvater ein Seil nahm. Das eine Ende band er vorne an den Schlitten, das andere Ende zurrte er mit einem Karabinerhaken an seinem breiten Ledergürtel fest.

Wir sahen alles ganz genau. Die Enkelin wurde auf den Schlitten gesetzt, der Großvater drückte ihr mit einem Augenzwinkern einen Weidenkorb in die Arme, und sie, die Kleine, unsere Mutter, saß stumm und glücklich da, in Erwartung ihrer abenteuerlichen Fahrt hinaus auf das Eis.

Die Dorfstraßen waren menschenleer, der Mond kam allmählich hinter den Wolken hervor. Meine Mutter betrachtete ihren hoch gewachsenen, schlanken Großvater, ach, wir alle betrachteten ihn, wie er weit ausholte mit großen Schritten. Hui, jetzt hielt uns nichts mehr. Jetzt saßen wir zu dritt auf dem Schlitten. Ritsch, der Schlitten rutschte nach rechts. Ritsch-ratsch, wir flogen nach rechts, wir flogen nach links, während die Kleine den Korb fest in den Armen hielt. Der große, schlanke Mann vor uns bewegte seine Arme elegant und schwungvoll, als wären es Flügel.

So fuhren wir im Mondlicht über das Eis. Manchmal schlossen wir die Augen. Es war ganz still, nur die Schlittschuhe des Großvaters vor uns verursachten ein immer wiederkehrendes Ritsch-ratsch. Ritsch-ratsch. Wenn wir die Augen öffneten, spiegelte sich der Mond im Spiegeleis. Hu! Gestalten huschten vorbei. Wir waren in eine Zauberwelt getaucht, unsere Gesichter waren heiß vor Glück, herrlich, dass unsere Mutter uns auf einen solchen Ausflug mitnahm. Schließlich erreichten wir das markierte Eisloch. Der Großvater schob ein Brett hinein und klapperte damit in dem Eiswasser. Dann zog er ein Netz an die Oberfläche, in dem ein paar Fische zappelten, und noch ehe sie im Korb lagen, waren sie schon steifgefroren. Arme Fische, dachten wir, man hat euch eurem Element entrissen.

Der Großvater lächelte uns schweigend an, er zog seine Frieshandschuhe aus, er klemmte sie unter die Achseln, hauchte warmen Atem in seine Hände und schlug in rhythmischen Bewegungen seine Arme um den Körper. Dass wir nicht froren, obwohl wir uns die ganze Zeit nicht bewegt hatten auf dem Schlitten! Aber Großmutter hatte uns ja in warme Winterkleidung »gestopft«. Der Großvater schaute uns an, als ob er fragte: »Alles in Ordnung?« Wir nickten nur, dann waren wir für die Heimfahrt gerüstet.

Bald sahen wir schon von Weitem die Laterne an der Eingangstür des Elternhauses unserer Mutter. Der Großvater lehnte den Schlitten an die Hauswand und stellte den Fischkorb auf die Holzbank. Die Großmutter hatte uns kommen hören und öffnete ihrer Enkelin die Tür, nun stellten wir uns abseits in eine Ecke des Flurs und sahen, wie die kleine, rundliche, alte Frau mit dem gutmütigen Gesicht ihre Enkeltochter aus ihrem dicken Mantel befreite. Wir schauten auch den Großvater noch einmal an. Auf seinem weißen Oberlippenbart hatten sich Eiszapfen gebildet, die nun langsam auftauten und in kleinen Wassertropfen auf den Holzboden fielen.

Dann traten wir leise aus dem Haus und waren wieder am Strand neben unserer erwachsenen Mutter, die ihre Geschichte beendet hatte. Wir liefen eine Weile wortlos durch die lange Allee.

Es hatte zu dämmern begonnen. Wir bogen in die Einkaufsstraße ein, die so schön und festlich beleuchtet war. Wir schlenderten an den Schaufenstern entlang, ohne uns aufzuhalten, wir waren noch viel zu beschäftigt mit der Schlittenfahrt, außerdem ging das Gerücht unter uns Kindern, dass die Weihnachtsgeschenke in diesem Jahr ganz bescheiden ausfallen würden, wir wussten aber auch, dass meine Mutter sich um eine Anstellung in einem Büro beworben hatte. Heute war dieser graue Brief von der Firma eingetroffen. Das alles ging uns durch den Kopf, wir stellten noch ein paar Fragen zu den kalten Wintern in Ostpreußen, als meine Mutter auf einmal stutzte und vor einem Juweliergeschäft Halt machte. Sie schaute auf die Auslagen und plötzlich sahen wir, wie ihre Augen leuchteten. Sie überlegte. Sie ging ein paar Schritte auf und ab. Sie zögerte. Was war es bloß, das sie so in Bann gezogen hatte? Vergessen war der graue Brief von der Firma, vergessen die herrliche Schlittenfahrt, zu der uns unsere Mutter eingeladen hatte, wir überlegten nicht mehr, was wir uns an Kleinigkeiten wünschen sollten, denn meine Mutter drückte auf einmal wortlos die Tür zum Juwelierladen auf. »Kommt!«, sagte sie und wir betraten gemeinsam mit ihr das große, helle Geschäft mit den vielen Glasvitrinen, vor denen gutgekleidete

Frauen und Männer standen. Obwohl es kurz vor Geschäftsschluss war, war der Laden noch gut besucht. Eine Dame stand vor einem Spiegel, sie hatte ihren Mantel abgelegt und ließ sich eine Perlenkette um den Hals legen. An einem niedrigen Tisch saß ein Mann, der eine goldene Armbanduhr von einem Samtkissen nahm und über sein Handgelenk zog. Wir standen da und staunten. Nie zuvor hatten wir gesehen, dass meine Mutter einfach so in ein Schmuckgeschäft ging. Schließlich trat eine Verkäuferin auf meine Mutter zu, meine Mutter äußerte eine Bitte, die Frau lächelte und holte aus dem Schaufenster … ein wunderschönes, zartes Engel-Mobile. Wir hielten die Luft an. Das würde unsere Mutter doch nicht so einfach kaufen … das war doch sicher viel zu teuer für uns. Das war doch … aus purem Gold! Ich schaute meine Mutter verstohlen und voller Bewunderung an. Ich fand, sie passte hervorragend in diesen Juwelierladen, sie war so vornehm und auf eine freundliche Weise so selbstbewusst. Schon hatte sie ihr Portemonnaie aus der Tasche gezogen und einen Geldschein auf den Tisch gelegt. Die Verkäuferin wickelte die Engelchen in eine Papiertüte und reichte sie über die Verkaufsvitrine. Meine Mutter nahm die Tüte entgegen und verabschiedete sich. »Auf Wiedersehen.« Auf Wiedersehen, murmelten auch wir. Auf der Straße strich uns unsere Mutter über den Kopf. »Die leisten wir uns jetzt«, sagte sie.

Aufgeregt hüpften wir neben unserer Mutter her. Die Straßenlaternen warfen ein warmes Licht auf die verschneite Straße, um die Scheinwerfer tanzten Schneekristalle, doch wir hatten keinen Blick mehr für die schöne adventliche Stimmung. In ein paar Minuten waren wir zu Hause. Wir konnten es kaum erwarten. Die anderen würden Augen machen! Als wir endlich Stiefel und Mantel ausgezogen hatten, wickelte meine Mutter die Engelchen aus und wir durften sie durch unsere Hände gleiten lassen und ganz in Ruhe und aus der Nähe betrachten. Dann sollten wir einen Platz für sie suchen, irgendwo, wo sie frei schweben konnten. Schließlich hängte meine Mutter sie an die Lampe über dem Esszimmertisch. Und als wir alle beim Abendbrot saßen und ich über den Tag nachdachte und auf das kreisende Engelkarussell über uns schaute, weiß ich noch, dass ich dachte: »Jetzt sind wir reich.«

Später haben wir dann verstanden, dass die Engel nicht wirklich teuer und auch nicht aus purem Gold gewesen waren, aber für uns blieben sie immer von hohem Wert.

Winterfreuden

Der Winter
legt auf alle Gartentische
schneeweiße,
frische
Wäsche.
Es ist soweit,
auch Tanne, Buche, Eiche, Esche
tragen ein weißes Kleid.
Auf leeren Stühlen hockt der Frost.
Der kalte Wind kommt von Nord-Ost
dazu,
jetzt wünscht sich jeder warme Schuh
an Füßen und an Händen
und dicke Daunenmäntel.
O Winterfreuden!
An Flüssen weiden
Gänse
wie graue Schäfchen.
Der Sommer hält sein Winterschläfchen.
Die Kälte hustet
denen, die sich nach Wärme sehnen, was.
Ich habe meinen Spaß.
O Winterfreuden!

Ich habe dir dein Leben auch
für dich gegeben

Das Leben meiner Mutter war von Anfang an geprägt von einem großen Drang nach Selbstbestimmung und einer lebenslustigen Energie und Tatkraft. So wie sie als kleines Mädchen die unschöne Atmosphäre des kalten Toilettenhäuschens mit einem Stück ihrer Kinderzimmer-Rosentapete zu verschönern suchte, so hatte sie auch später in jeder Lebenslage kreative Lösungen parat. Umso schlimmer müssen für sie die Grenzen und Mauern gewesen sein, die tatsächlich unüberwindbar waren, die sie einengten, ihr manchmal fast die Luft zum Atmen nahmen – da halfen selbst die kreativsten Lösungen gerade noch zum Überleben. Und ihre Energie half ihr beim Aushalten. Aushalten, darin war sie Meisterin, das hatte sie das Leben gelehrt, welches ihr wirklich viele und große Steine in den Weg legte. Aushalten, ja, das konnte sie. Sich abfinden, einfach so – das wollte sie nie. Darum gab sie ihren Drang nach Selbstbestimmung in all den Jahren nie auf.

Und dann kam der Tag, an dem sie noch einmal aufbrach und entschlossen war, sich von nichts und niemand mehr aufhalten zu lassen. Es war wie eine Auferstehung, wer sie sah und kannte, wusste: Jetzt erblüht erst so richtig, was schon damals, vor dem Krieg, in der Seele der jungen Elke zu erahnen war. Ein spätes Blühen.

Wenn ich an diese Zeit denke, fällt mir eine völlig verrückte Begebenheit ein, die mir aber so typisch scheint für diese »neue Mutter«, die da plötzlich aus dem Ei geschlüpft war. Das Ganze ist wohl deshalb gut gegangen, weil an diesem Sonntagnachmittag kaum etwas los war auf den Straßen. Und wenn ... du meine Güte. Selbst wenn an diesem Nachmittag Rushhour gewesen wäre, ich bin mir sicher, die Schlüssel- übergabe hätte auch dann reibungslos geklappt und keine Gefährdung der allgemeinen Sicher- heit dargestellt. Damals machte Autofahren nie- manden automatisch zu Jägern oder Gejagten. Im Gegenteil, Autofahren in der Landeshaupt- stadt machte regelrecht Spaß. Hatte man oder frau sich falsch eingeordnet und versuchte auf die andere Spur zu wechseln, wo war das Pro- blem? Die Nachfahrenden verlangsamten das Tempo und hielten genügend Abstand, gaben vielleicht noch ein freundliches Handzeichen, »bitteschön nach Ihnen«, und der oder die Verirrte konnte den Irrtum wiedergutmachen. Ich kann mich nicht an Hupkonzerte oder Drängeleien erinnern. Undenkbar, dass die Parkplatzsuche oder das Einparken in enge Buchten von anderen Autofahrern kritisch beobachtet, höhnisch kommentiert, nervös geduldet oder gar rücksichtslos durchkreuzt wurde. »Eingebaute Vorfahrt«, »Erst komme ich!«, so etwas gab es bei uns nicht. In den siebziger Jahren in der Stadt, in der ich aufgewachsen bin, machte Autofahren Spaß. Meiner Mutter bereitete es geradezu Vergnügen, besonders nach ihrem fünfzigsten Lebensjahr. Bis dahin war sie Beifahrerin gewesen. Jetzt hielt sie das Steuerrad selbst in der Hand. Und *wie* ihr das Vergnügen bereitete! Es war ihr eine Freude, unabhängig und selbstständig zu sein.

Dass sie ihren Führerschein erst mit über Fünfzig machte, geschah allerdings nicht aus purem Spaß an der Freude. Es hatte einen ernsten Hintergrund. Mein Vater war plötzlich und unerwartet früh verstorben. Obwohl er schon eine Zeit lang schwer krank gewesen war, kam sein Tod für uns alle überraschend und meine

Mutter schwankte zwischen Wut und Trauer. Der Verlust traf sie schwer.

Wieso hatte er sich und ihr und seiner Familie das angetan, systematisch hatte er an seiner Selbstzerstörung gearbeitet, keine verzweifelten Appelle, kein Zureden, keine Hilfsangebote, auch nicht von Dritten, nichts hatte geholfen. Jeden Tag lief sie auf den Friedhof, um ihn zu fragen. Warum? Hatte die Liebe nicht gereicht? Es war doch eine große Liebe gewesen. Mehr als ein Jahr lang trug sie buchstäblich Trauer. Sie kleidete sich ausschließlich in schwarze Stoffe. Röcke, Blusen, Kostüme, Mäntel, Strümpfe, Pullover, Hosen, Hüte. Schwarz. Uns war es untersagt, im Haus ein Radio laufen zu lassen, Totenstille herrschte, Musik in jeglicher Form war tabu, lachten wir mal auf, schaute sie uns kurz missbilligend und strafend an. Unser Vater war gestorben, ihr Ehemann. Wie konnten wir da lachen? Sahen wir sie etwa lachen? Nein, sie lachte nicht mehr, sie scherzte nicht mehr. Aber wir sahen sie auch nicht weinen. Haltung war ihr wichtig. Sie vernachlässigte weder sich noch ihre Pflichten. Sie achtete auf sich und auf uns. Jeden Morgen stand sie früh auf, um zur Arbeit zu gehen. Seit der Erkrankung meines Vaters ging sie nach vielen Jahren wieder einer bezahlten Beschäftigung nach, einer, die im Grunde unter ihren Möglichkeiten lag, aber ein Einkommen sicherte. Die Kinder waren noch in der Ausbildung, Schule oder Studium. Sie tat, was getan werden musste. Sie hielt sich und die Familie über Wasser. Ihr Mann hatte die Verantwortung allein auf sie abgewälzt, jetzt hatte er sie endgültig alleingelassen. Das Leben machte keinen Spaß mehr, machte es überhaupt noch Sinn? Wenn ja, dann höchstens wegen der Kinder …

Ungefähr zwei Jahre nach dem Tod meines Vaters ging eine Veränderung mit meiner Mutter vor. Sie fand langsam wieder aus der Dunkelheit ins Licht. Sie begann sich in lichtere Stoffe zu kleiden, sie begann wieder von innen zu strahlen. Sie fand ihren Humor, ihren Geist, ihren Witz wieder. Sie fand zur Schönheit des Lebens und zu ihrer eigenen Schönheit zurück. Sie blühte regelrecht auf. Schließlich war sie schöner als je zuvor. Das ehemals schwarze Haar war inzwischen silbergrau, fast weiß. Sie trug es kurz und flott geschnitten. Das silbergraue Haar bildete einen interessanten Kontrast zu dem immer leicht gebräunten, immer noch frappierend jungen Gesicht. Meine Mutter leuchtete wieder und gewann an Ausstrahlung. Was war passiert?

Die Veränderung habe ein Traum bewirkt, erzählte sie mir Jahre später. So unspektakulär das zunächst klingen mag: ein Traum. Eines Nachts, als sie wieder einmal nicht schlafen konnte, weil die Weinkrämpfe sie schüttelten, als sie quälend lange wach lag und sie dann doch irgendwann erschöpft eingeschlafen war, habe sie eine Art Traum gehabt. Eine Stimme habe sie liebevoll ernsthaft ermahnt: »Ich habe dir dein Leben auch für dich gegeben.«

Ein Jahr später stand ein weißer Opel Kadett vor unserem Grundstück. Monatelang hatte meine Mutter auf einen Gebrauchtwagen gespart, Fahrstunden genommen, für die theoretische Prüfung gepaukt, die Fahrstunden finanziert. Das war eine Leistung angesichts des geringen Budgets, das ihr zur Verfügung stand. Trotzdem hatte sie es geschafft, so wie sie es immer geschafft hat, etwas Geld zurückzulegen. Für den Notfall, für ihre Altersvorsorge, weil sie uns nicht zur Last fallen wollte, damit wir etwas erben sollten, vor allem, damit sie unabhängig blieb. Also stand dieser Opel Kadett eines Tages vor unserer Tür und meine Mutter wurde im doppelten Sinne zunehmend »mobil«. Sie entpuppte sich als unerschrockene Autofahrerin, die gern beweglich und viel unterwegs war. So wie sie sich geistig beweglich hielt und in vielen unterschiedlichen Themen unterwegs war bis zu ihrem Lebensende. Mit zunehmender Fahrsicherheit erweiterte sie schnell ihren Aktionsradius, es dauerte nicht lange und sie war über die Stadt hinausgefahren, hinaus aufs Land, immer wieder an das geliebte Wasser, die Ostsee, sie unternahm Ausflüge mit ihren Freundinnen, sie eroberte sich nach und nach das Bundesland, in dem sie lebte, und schließlich bretterte sie fröhlich über die Autobahn, bereiste die ganze Republik und machte auch vor den Grenzen zum Ausland nicht halt.

Aus dem weißen Opel Kadett wurde ein roter VW Golf und aus dem roten VW Golf ein goldener Mercedes. Jahrelang konnte ich meine Mutter nicht ohne Auto denken.

Wenn ich jetzt an sie denke, stehe ich am Fenster ihrer Wohnung und schaue hinunter auf die gegenüberliegende Straße, in der ihr roter Golf steht. Ein herrlicher Sommermorgen, die Luft ist milde, die Sonne scheint. Es ist noch früh, die Amseln singen in den Bäumen. Meine Mutter steht am Straßenrand, neben sich einen Koffer, die Handtasche hängt über der linken Schulter. Sie trägt einen beigefarbenen Trench und einen dunkelblauen Schal, den sie lässig locker um den Hals drapiert hat. Jetzt wartet sie darauf, die Straße überqueren zu können. Ein paar Autos surren vorbei. Die meisten Insassen wahrscheinlich auf dem Weg zur Arbeit. Frühaufsteher wie sie. Die Straße ist frei. Meine Mutter schlendert ruhig und gelassen auf die andere Seite. Ich sehe, wie sie im Gehen den Autoschlüssel aus der rechten Manteltasche zieht. Sie stellt den Koffer ab, wirft die Handtasche auf das Autodach, geht um den Wagen herum, schließt die Fahrertür auf, zieht den Trench aus, faltet ihn und legt ihn auf den Rücksitz. Jetzt öffnet sie die Kofferraumklappe und hebt ihr Gepäck in den Kofferraum. Sie nimmt eine Flasche Mineralwasser aus dem Getränkekasten, die kommt nach vorn auf die Beifahrerseite in einen standsicheren Behälter. Der Kofferraum wird schwungvoll zugeschlagen. Kurz gegenchecken: Ist er auch wirklich zu? Alles roger! Sie zieht die Handtasche vom Autodach, wirft sie auf den Beifahrersitz, plumps, und steigt ein. Die Sonne wird regelrecht geblendet von dem blitzblanken Auto. Gestern hat meine Mutter den Wagen noch in die Waschanlage gebracht und den Reifendruck geprüft. Jetzt noch die richtige Seite im Falkplan aufschlagen, mit Merkzettelchen und die Haribo-Tüte mit den Gummiteddies aus der Tasche fischen und so weit öffnen, dass sie bequem mit der Hand hineinlangen kann. Weiteren Proviant brauchte sie nicht. Motor anlassen. Blick in Rück- und Seitenspiegel. Jetzt betätigt sie den Blinker. Ab geht die Fahrt.

Ab ging die Fahrt. Autofahren gehörte irgendwann zu meiner Mutter wie das Bücherlesen oder das Verfassen kleiner Geschichten. Sie begab sich auf Entdeckungsreise zu sich selbst und zu dem, was ihr Freude machte. Städtereisen, Kunst, Kultur und Kontakt, Museen und Ausstellungen, Lesungen, Openair-Theatervorstellungen, Überlandfahrten mit den Freundinnen, draußen in der Natur sein. Nicht, dass sie keinen Meter mehr zu Fuß ging. Sie machte Strandspaziergänge, umrundete Binnenseen auf mehr oder weniger belaufenen, mehr oder weniger malerischen Uferwegen und sie liebte es, über Felder und Wiesen und durch dunkle Wälder zu streifen, sofern das Kreuz mitmachte. Mehrere Rücken-OPs machten ihr das lange Laufen zunehmend schwerer. Umso glücklicher war sie über den fahrbaren Untersatz.

Ab ging die Fahrt. Immer wieder packte sie ihren Koffer. Ab ging die Fahrt, um bei Umzügen der Kinder mitzuhelfen. Sie packte in ihren Kofferraum immer wieder die Nähmaschine, um für die Nestausstattung der flügge gewordenen Kinder und Schwiegerkinder zu nähen. Kilometerlange Bahnen weißer Stores oder bunter Übergardinen. Ab ging die Fahrt. Sie wusste, welche Autobahnrestaurants für sie bekömmlich waren, wo sie halbwegs gut essen konnte. Ab ging die große und die kleine Fahrt. Zum Einkaufscenter, um den großen Wocheneinkauf zu tätigen, zum Friedhof, um das Grab zu pflegen. Zum Gartencenter, um Blumenzwiebeln zu kaufen für die Neubepflanzung des Balkons. Ab ging die Fahrt in einem weißen, roten oder goldenen Auto.

In jenem goldenen Auto fuhr sie im Alter von fast fünfundsiebzig Jahren ein drittes Mal zum Standesamt, um ihre dritte Ehe zu schließen. Nach mehr als zwanzig Jahren Single-

Dasein ging sie, statt ins Altersheim, noch einmal den Bund fürs Leben ein. Diese Ehe sollte zehn Jahre halten.

Welche Farbe hatte das Auto, in dem sie saß, als das mit der Schlüsselübergabe passierte? Ich weiß es nicht mehr. Nur so viel weiß ich noch: Nach einer Stippvisite bei meiner Mutter war ich auf dem Weg zur Autobahn, um 120 Kilometer weit nach Hause zu fahren. Ich saß in meinem kleinen Polo, als jemand hinter mir relativ nah auffuhr und die Lichthupe betätigte. Abblendspiegel! So etwas übersah man bei uns. Der Rowdy überholte mich und fuhr gleichauf, parallel zu meinem Auto. Keine Notiz nehmen! Der Wahnsinnige hupte. Ich versuchte, die Ohren zu schließen, ging nicht, ich drehte das Autoradio lauter. Unmögliches Benehmen, dachte ich. So etwas waren wir hier nicht gewohnt. Gott sei Dank würde ich in fünf Minuten auf der Autobahn sein, dann war ich den Flegel hoffentlich los. Insistierendes Gehupe. Nun wurde mir die Sache zu bunt. Ich riskierte einen Blick nach links, um den oder die Verrückte ins Visier zu nehmen und sah in das entnervte Gesicht meiner Mutter, sie wedelte mit einem Schlüsselbund in der Luft, das ich auf

Anhieb als das meine erkannte. Und nun? Anhalten war nicht möglich, ich war fast schon auf dem Autobahnzubringer. Was tat sie da? Ich konnte es nicht fassen, meine Mutter verrenkte sich, rollte das rechte Seitenfenster herunter, ich erschrak, sie rollte mit den Augen und bedeutete mir, ich solle ebenso mein Fenster herunterkurbeln. Was folgt, ist nicht zum Nachahmen empfohlen: Ich kurbelte das Seitenfenster herunter, sie lehnte sich etwas vor und zack, warf mir mein Schlüsselbund auf den Schoß, grinste, hupte, winkte, überholte mich und fuhr geradeaus, während ich rechts abbiegen musste zur Autobahn.

Welch ein Bild! Sie winkte und fuhr geradeaus, ich winkte und bog rechts ab. Sie fuhr, beziehungsweise sie ging ihrer Wege. Und das erwartete sie auch von uns. Wir sollten unserer Wege gehen. Wir sollten unabhängig sein. Auch sie wollte ein gutes Stück weit unabhängig sein. Aber sie düste los, wenn wir sie brauchten.

Eröffnung

Über Nacht öffnete sich das Wort
wie eine Blüte.
Eine Welt ging mir auf.
Über Nacht öffnete sich das Wort
wie eine Hand
und gab mir zurück,
was ich verloren
hatte.
Über Nacht machte das widersinnige
Leben wieder Sinn.

[Aus: Ute Elisabeth Mordhorst, Martina Jung:
Gönn dir sieben Wochen mehr. Fastenzeit-
kalender. © Verlagsgruppe Patmos 2014]

Wir wollen nicht weinen

Ich bin ja schon groß.« Das war der zentrale Lebenssatz meiner Mutter, ein Satz, den sie fast immer schmunzelnd und mit einem Augenzwinkern äußerte. »Ich bin ja schon groß. Lass mich das mal allein machen.« Das klang charmant, fast ein bisschen kokett, aber sie meinte es ernst. Ich bin ja schon groß … und stark. Sie wollte nicht klein sein, nicht bedürftig, nicht abhängig, schon gar nicht von ihren Kindern. Sie war stark, sie bewies Haltung, sie war humorvoll und tapfer. Auch uns wollte sie groß und stark, wir sollten ihr weder am Rockzipfel hängen, noch bei jeder Kleinigkeit »Mutti, Mutti« rufen. Wir sollten so selbstständig wie möglich sein, verantwortungsbewusst und abgegrenzt – wie sie selbst. Und meine Mutter *war* abgegrenzt. Sie wollte nicht alles wissen, was wir taten oder dachten oder planten, sie mischte sich selten in unsere Angelegenheiten ein, sie war da, wenn wir sie brauchten, aber sie war eben auch sehr abgegrenzt, so sehr, dass ich manchmal darunter litt. Sie interessiert sich nicht für mich, dachte ich und das war schlimm für mich, denn ich war eine Tochter, die unbedingt gesehen werden wollte von dieser charismatischen, geistreichen Mutter. Dieser Mutter, die aber auch realistisch, nüchtern und pragmatisch war – und sein musste. Ihr haben wir es zu verdanken, dass das Familienschiff nicht unterging, nachdem mein Vater es leck geschlagen hatte.

»Ich bin ja schon groß.« Dieser Satz meiner Mutter war mehr als nur ein netter, koketter Spruch. Er war ihr Motto und ihre Durchhalteparole. Tatsächlich konnte sie es sich nicht leisten, nicht groß und nicht stark zu sein. Hätten wir es überhaupt ertragen, sie klein zu sehen? Heute sehe ich uns beide auf ihrer Bettkante im Zimmer des Pflegeheims sitzen und streiten und schimpfen und schließlich furchtbar weinen. Wie nah sind wir uns in diesen Momenten ihres letzten halben Jahres gekommen. Meine Mutter hatte es sich ein Leben lang nicht gestattet zu weinen, zumindest nicht vor uns Kindern, nicht vor mir – und sie mochte es gar nicht, wenn ich weinte. Ich war diejenige von uns Kindern, die am nächsten am Wasser gebaut hatte. Ich sollte nicht so viel weinen, das ärgerte meine Mutter, sie war selbst ein sehr sensibles Kind gewesen, daran wollte sie nicht erinnert werden, schon gar nicht jetzt, da sie über Gebühr belastet war mit existenziellen Nöten. Ich sollte nicht weinen, irgendwann *wollte* ich auch nicht mehr weinen. Allein, meine Tränen versiegten nicht, ich konnte mich nicht ausweinen ...

Wer einen See kennen will, muss sich die Landschaft anschauen, in der er liegt, heißt es. Wenn ich einen Spaziergang um meine Mutter mache, diesen schillernden, stillen und tiefen See, treffe ich irgendwann am Uferweg auf meine Großmutter, eine schweigsame, zu Stein gewordene, fast stumme Frau. Nie hätte ich sie mir waghalsig oder draufgängerisch vorstellen können, aber so soll sie als junges Mädchen gewesen sein. Ohne Sattel im Herrensitz reitend, mit offenem, wehenden Haar sei sie auf ihrem Pferd über Feldwege galoppiert, so die Schilderung meines Großvaters – die er mit dem immer gleichen Satz beendete: »Und dann habe ich sie errettet!« Dann habe ich sie geheiratet, hieß das, und von ihrer Wildheit erlöst. Nun wirkte meine Großmutter keineswegs erlöst oder gelöst. Wie war wohl die Kindheit meiner Mutter gewesen, durfte sie zu Hause weinen? Die Antwort auf diese Frage erhielt ich am Tag der Beerdigung meines Vaters. Ich sehe meine Mutter, wie sie aus dem Haus läuft, ihrer Mutter entgegen, wie sie ihr in den Arm fallen will und wie meine Großmutter die Hände wie zur Abwehr hebt, meine Mutter von sich wegschiebt und ruhig und streng sagt: »Wir wollen nicht weinen!«

Doch – das wollen wir! Wir wollen weinen, wenn aus uns oder unseren Müttern oder Großmüttern erstarrte Frauen geworden sind. Wir wollen nicht im Weinen verharren, aber wir wollen weinen, dass vielleicht die Tränen lösen, was das Leben verhärtet hat.

Meine Mutter war keine verhärtete Frau. Ganz und gar nicht. Sie war eine, die alles allein schaffen wollte. »Ich bin ja schon groß. Lass mich das mal allein machen.« Am Ende ihres Lebens war sie nicht mehr in der Lage, sich allein zu helfen. Da saß sie ganz klein und liebesbedürftig auf der Kante ihres Bettes im Pflegeheim. Und wir weinten und weinten uns aus.

Darum wollen wir weinen, nicht?

Ach Mutter, weine doch nicht

Ach, Mutter.
Weine doch nicht, liebes Gesicht.
Ich weiß nicht, sind es deine oder meine
Tränen.
Leidunter gehe ich mit dir
und unsere Münder füllen sich mit Weh
und tiefes Stöhnen steigt von Innen in uns
hoch.
Du stirbst vor Durst und ich ertrinke.

Ach, Mutter weine doch nicht, gutes Gesicht.
Ich weiß nicht, sind es deine oder meine
Tränen.

Leidunter gingest du
und Weh und Wasser stiegen in dir hoch
und tiefes Stöhnen.
Du starbst vor Durst und ich ertrinke.

Ach Gott, flute mein Herz.
Ich weiß nicht, sind es deine oder meine
Tränen.

Das Meer, das ist ein Spiegel

Früher Abend. Eine Uhr tickt. Meine Mutter sitzt in ihrem Ohrensessel, vornüber gebeugt mit gesenktem Kopf, die Hände im Schoß gefaltet. Ich sitze im Sessel neben ihr. Wir schweigen. Jetzt guckt sie mich mit ihren tiefblauen Augen gedankenverloren an.

»Ich überlege, wer heut Abend Dienst hat und wen ich bitten soll, mich ins Bett zu bringen.«

»Darf ich das machen, Mutti?«

»Ja, wenn Du möchtest …?«

»Klar. Welchen Schlafanzug möchtest Du anziehen?« Ich lege meiner Mutter einen Stapel verschiedenfarbiger seidener Schlafanzüge auf den Schoß. »Magst Du einen aussuchen?«

Meine Mutter blättert die Wäsche aufmerksam durch. Ihre Bewegungen sind überlegt und ruhig. Schöne Hände hat sie, denke ich. »Nimm den da, Ulla«, sagt meine Mutter und zeigt auf den aquamarinblauen Pyjama.

Ich trage den Schlafanzug ins Bad. Meine Mutter angelt mit einem Fuß nach dem grünen Rollator, der neben dem Ohrensessel steht. Ihre Autos waren entweder rot, weiß oder gold. Ein Mercedes war darunter. Jetzt fährt sie einen metallic-grünen Kleinwagen. Sie versucht, sich aus dem Sessel zu stemmen. Das kostet sie Kraft. Ein-, zweimal sinkt sie zurück. Helfen soll ich ihr nicht. Bloß nicht! Klack, klack machen die Rollatorgriffe. Meine Mutter schubst den kleinen grünen Hocker, auf den sie gern ihre Füße stellt, lässig, fast ein bisschen verächtlich, zur Seite. Immer ist etwas im Weg in dem viel zu kleinen Raum im ungeliebten Pflegeheim. »Kleinchen, heb die Beinchen, es kommen Steinchen«, sagt meine Mutter und schmunzelt mich spitzbübisch an.

Sie schiebt die Badezimmertür zur Seite und steuert auf den weißen, niedrigen Kunststoffhocker vor dem Waschbecken zu. Den Rollator parkt sie neben dem Waschbecken. Sie liebt es, Ordnung zu halten. Ordnung ist ihr wichtig. Und Haltung. Jetzt stützt sie sich mit der linken Hand am Rollator ab, mit der rechten Hand hangelt sie sich am Waschbecken entlang, sie schiebt ihre Füße vor den Hocker, atmet tief durch, lässt sich mühsam auf den Sitz fallen. Ihr Brustkorb hebt und senkt sich. Sie lässt den Kopf auf die Brust sinken und schweigt. Ich trete hinter sie. Meine Mutter hebt den Kopf. Wir schauen beide in den großen Badezimmerspiegel. Unsere Blicke treffen sich. Dann schaut meine Mutter nur noch sich an. Ein bisschen krumm sitzt sie da, die Schultern hängen etwas nach vorn, aber den Kopf, den hält sie gerade. Ihr Blick hat etwas Klares, Offenes und Unbestechliches. Sie, die immer auf sich geschaut hat, schaut sich an. Ruhig und prüfend. Keine Spur von Koketterie ist in ihrem Blick. Aber auch kein Tadel. Sie weicht ihrem Blick nicht aus. Als suchte sie die Wahrheit im Spiegel. Ein Blick wie ein Dialog. Ich sehe, wie meine Mutter auf ihr Leben schaut. Da öffnet sich ein weites blaues Meer. Hör mal, Ulla, wie die Möwen kreischen, weit draußen vor dem ungeliebten Pflegeheim, draußen am Frischen Haff.

Wir schauen in den Spiegel und hören die Möwen kreischen und ich sehe ein kleines langbezopftes Mädchen am Frischen Haff mit ihrer selbstgenähten Puppe spielen. Albert, genannt Alli, hat ein Boot aus Brennholz geschnitzt, an einem Zweig steckt ein Segel aus einem weißen

Taschentuch. Meine Mutter setzt die Puppe in das Boot. Nun wird das Boot zu Wasser gelassen, eine Seefahrt, die ist lustig … aber oje, eine Welle bringt das Boot zum Kentern und die Puppe kippt über Bord und ihre dicken Zöpfe fliegen in die Luft wie Ärmchen.

Alli rennt ins Wasser und bringt das triefend nasse, halb ertrunkene Puppenkind zurück, das Puppengesicht ist kaum zu erkennen, das eigenwillige Ellychen hatte dem Püppchen Augen, Nase und Mund mit Wasserfarben aufgemalt. Nun verlaufen Nase und Mund zu einem Angstgesicht und das kleine Mädchen, das meine Mutter ist, läuft enttäuscht und empört nach Hause. Sie weint. Alli steht am Strand und schaut ihr nach. Lange schaut er ihr nach.

Er sieht, wie sie wieder aus dem Elternhaus läuft, sie ist nun eine junge Frau im Winter 1944/45. Sie sitzt auf einem Pferdefuhrwerk, eines von vielen, die den Flüchtlingstreck bilden über das Frische Haff. Hochschwanger ist sie, in einen Pelzmantel gewickelt. Alli steht am Strand und sieht den Flüchtlingstreck sich langsam entfernen, geduldig steht er da und sieht wie eine Welle kommt und seine Freundin über Bord des Flüchtlingstrecks kippt. Sie wird an einem kleinen gottverlassenen Bahnhof zurückgelassen, das sei besser für sie, vielleicht hält ein Zug und nimmt sie mit. Augen und Mund und Nase verlaufen zu einem Angstgesicht, Alli will auf das Frische Haff rennen und Ellychen in sein Boot setzen, das kentert nicht bei Eis. Sieh mal, Alli, da kommt ein Wehrmachtsauto, Soldaten finden deine Freundin auf einer Holzbank liegend vor dem Bahnhofsgebäude. Zwei von ihnen heben sie auf den Rücksitz des Autos und die Troddeln vom Pelzmützchen schlagen ihr ins Gesicht. »Ich möchte nach Berlin. Zu meiner Schwiegermutter«, sagt sie und weint.

Dann ist sie endlich in Berlin. Bombenalarm, die Wehen setzen ein. Nein, sagt meine Mutter, nein, in den Mutterbunker will ich nicht, sie geht nicht, nein, sie weigert sich mit aller Macht, der Mutterbunker wird in dieser Nacht zu Schutt und Asche gebombt, das Ellychen bringt einen Jungen zur Welt, der fällt aus keinem Boot und seine Augen sind auch nicht angstverlaufen, ein Tierarzt entbindet sie, während die Fensterscheiben zerbersten. Der Spiegel zerschellt nicht, in den wir blicken, meine Mutter und ich. Und Alli steht am Strand und schaut. Ich lege die Hände an den Mund und rufe ihm zu: »Das Meer, das ist ein Spiegel, Alli. Der hängt in einem Pflegeheim.« Alli winkt und lacht und geht. Ja, geh' du nur. Du musst noch an die Front und später an die Universität. Meine Mutter, die immer auf sich geschaut hat, schaut sich im Spiegel an. Sie strafft die Schultern, die tun ihr weh, der Rücken tut ihr weh, sie bückt sich nach den Ziegeln, die überall auf der Straße liegen und reibt sich den Rücken und wischt sich die Stirn. Es ist heiß in Berlin, die Stadt ist stickig und staubig. Als Trümmerfrau in Berlin zu arbeiten, das ruiniert das Kreuz. Alli ist gegangen, zum Pflegeheim ist es noch weit, meine Mutter schreibt Artikel für eine Zeitung, abends stopft sie Strümpfe und näht Puppen für uns Kinder, die setzt keiner mehr in ein Boot. Sie schreibt Geschichten, eine Seefahrt, die ist lustig, sie führt Theaterstücke auf, der Ehemann lastet ihr Bürden auf, als Trümmerfrau in der Familie zu arbeiten, das ruiniert das Kreuz, der Ehemann stirbt, sie geht einer bezahlten Arbeit nach, für 'nen Appel und 'n Ei, was anderes kriegt sie in dem Alter nicht mehr, sie legt jeden Monat Geld zurück, damit die Kinder etwas erben sollen, damit sie unabhängig bleibt und in kein Pflegeheim muss. Der Spiegel erzählt meiner Mutter, das Meer, das ist wie du. Ich bin eine gute Schwimmerin, lacht meine Mutter und stürzt sich in die Fluten.

Jetzt steht sie mit zitternden Beinen an der Haltestange des Bades im Pflegeheim. »Ulla, ich hoffe, das geniert dich nicht?«

»Nein, Mutti, warum denn? Dich etwa?«

»Nein … mich auch nicht. Geht es denn so für dich? Wird es dir auch nicht zu schwer?«, ihre größte Sorge.

»Nein. Es wird mir nicht zu schwer«, antworte ich. Weil ich dich lieb hab, Mutti, denke ich.

»Fertig – das ging doch prima. Findest du nicht auch?«

»Ja, nicht?«, sagt meine Mutter erleichtert und guckt ein bisschen stolz, froh darüber, dass sie so gut mitgeholfen hat. Sich so hinzustellen, das habe ihr ein Pfleger beigebracht, erklärt sie. Ihre Beine zittern noch immer.

Ich nehme den flauschigen, apricotfarbenen Bademantel von der Wand und helfe meiner Mutter hinein. Sie bindet den Gürtel, macht eine halbe Drehung, greift nach dem Rollator.

Klack, klack. Ich schiebe die Badezimmertür vor ihr auf. Meine Mutter geht langsam und gemessen aus dem Raum, sie steuert auf ihren Ohrensessel zu. Geschafft. Jetzt hat sie wieder Platz genommen. Ich merke, wie viel Kraft sie das gekostet hat.

Meine Mutter greift in die tiefe Tasche des Bademantels und angelt nach einem ihrer zahllosen Stofftaschentücher, auch dieses ist dezent mit Chanel Nr. 5 bestäubt. Wieder diese schönen Bewegungen. Dieser sichere, ruhige Blick. Ihre Hände ruhen im Schoß. Sie dreht die Daumen umeinander und schließt die Augen und weiß, dass ich sie anschaue. »Keine Angst, ich bin noch nicht tot. Ich möchte nur ein bisschen träumen. Ist es schon Zeit für die Tagesschau?«

Heute Morgen stand ich vor dem Foto meiner Mutter. Sie sitzt in ihrem Ohrensessel, ihre Hände im Schoß gefaltet. Eine Uhr tickt. Wir schweigen. Jetzt guckt sie mich mit ihren tiefblauen Augen ruhig und prüfend an.

Steh auf, hat einer liebevoll zu ihr gesagt und ihr die Hand gereicht, erzählt sie mir. Da ist sie aufgestanden. So wie Alli. Der ist schon lange tot. »Nun kannst Du wieder gehen und tanzen und springen«, sage ich. »Und sogar fliegen.«

Meine Mutter lächelt mich an. Offen und klar. Das Meer, das ist ein Spiegel, der hängt in einem Pflegeheim. Nicht jedes Fenster ist aus Glas.

Wendepunkt

Das Boot hat sich gedreht
Die Ruderarme liegen still
Nun geht der Blick aufs Meer
Und alles wendet sich
Das Wasser auch
Zum guten
tiefen Schlaf

Nachwort

Dieses Buch ist einer ganzen Frauengeneration gewidmet. Auch wenn es sich am Leben meiner Mutter orientiert, ist dies kein Buch über das Leben meiner Mutter; vieles von dem, was ich erzähle, ist genauso passiert, manches habe ich verändert, anderes hinzugedichtet. Doch im Kern sind alle Geschichten wahr.

Die Absicht dieses Buches ist, das Leben der heute über siebzigjährigen Frauen exemplarisch abzubilden. Die in den zwanziger und dreißiger Jahren geborenen Frauen werden die Geschichten kennen, die das Leben meiner Mutter schrieb, und sich in vielem wiederfinden. Dieses Buch soll aber auch den Töchtern und Enkelinnen die Möglichkeit geben, mit ihren Müttern oder Großmüttern ins Gespräch zu kommen. Hast du das damals auch so erlebt? Wie war das bei dir?

Vor allem soll dieses Buch eine Würdigung von Frauenleben sein, ihres Einsatzes für das Leben. Leben in die Welt zu setzen, Leben, das können Kinder sein oder auch Visionen, Ideen … Schöpferisches Leben in die Welt zu setzen und für sein Überleben zu sorgen, gerade auch in Kriegszeiten, diese eigenen Kinder, Visionen und Ideen zu nähren, zu erhalten, zu schützen, groß werden zu lassen. Den eigenen Weg nicht zu vernachlässigen, das eigene Leben, die eigenen Wertgefühle zu schützen und zu verteidigen, in einer Zeit und in einer Gesellschaft, in der Fraueninteressen und Frauenbedürfnisse vorwiegend durch die Bedürfnisse und Interessen der Männer definiert waren und bis heute noch sind.

Das waren der Weg und die Suchbewegung meiner Mutter und sicher auch der Weg und die Suchbewegung vieler Frauen ihrer Generation.

Ich hatte eine besondere Mutter. Und ich danke ihr dafür, dass sie die war, die sie war.

Biografie von Elly-Maria

- 1923 geboren in einem kleinen Vorort von Königsberg, Ostpreußen
- Kindheit, Jugend, Ausbildungszeit
- 1943 erste Eheschließung
- Winter 1944/45 Flucht aus Ostpreußen nach Berlin
- 1945 Geburt des ersten Sohnes in Berlin
- Kurze Tätigkeit als freie Journalistin
- 1954 zweite Eheschließung
- 1955–1959 Geburt von vier gemeinsamen Kindern
- 1974 Rückkehr in die Berufstätigkeit wegen der Erkrankung des Mannes
- 1976 Tod des zweiten Ehemannes
- 1997 dritte Eheschließung
- verstorben 2009, nach einem sechsmonatigen Aufenthalt im Pflegeheim im Alter von 86 Jahren

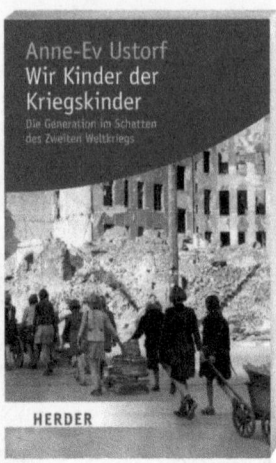